KB149923

영어,
너 정말
이러기냐!

영어의 벽에 도전한 12인의 일본인

영어, 너 정말 이러기냐!

영어의 벽에 도전한 12인의 일본인

© 후루야 유코, 2017

1판 1쇄 인쇄 __ 2017년 08월 10일
1판 1쇄 발행 __ 2017년 08월 20일

지은이 __ 후루야 유코
옮긴이 __ 크림슨인터랙티브
펴낸이 __ 홍정표

펴낸곳 __ 글로벌콘텐츠
　　　　 등록 __ 제 25100-2008-24호

공급처 __ (주)글로벌콘텐츠출판그룹
　　　　 대표 __ 홍정표　이사 __ 양정섭　디자인 __ 김미미　기획·마케팅 __ 노경민 이종훈
　　　　 주소 __ 서울특별시 강동구 천중로 196 정일빌딩 401호　전화 __ 02-488-3280　팩스 __ 02-488-328
　　　　 홈페이지 __ www.gcbook.co.kr

값 13,800원
ISBN 979-11-5852-154-7 03740

영어,
너 정말
이러기냐!

영어의 벽에 도전한 12인의 일본인

후루야 유코 지음

역자 서문

나는 일본과 관련된 비즈니스 현장, 학술대회, 국제행사 등에서 동시통역 및 각종 전문서적, 잡지, 문서 등의 번역을 업으로 삼고 있다. 외국어 하나쯤은 익힐 필요가 있었던 대학시절, 영어에 대한 공포심 때문에 일본어를 공부하기로 마음먹었던 기억이 난다. 그런데 아이러니하게도 오랜 기간 일본어와 관련된 일을 하면서 또다시 내 발목을 잡은 것이 영어다.

요즘 웬만한 국제회의에서는 일본인 연사도 영어로 발표를 한다. 일본어로 발표하는 경우에도 프리젠테이션 자료는 영어로 되어 있다. 또한 십수 년 전만 해도 클라이언트는 한국이나 일본 국적이 대부분이었는데, 최근에는 일본어 관련 업무인데도 유럽이나 미국 등에서 영어로 전화가 걸려오곤

한다. 영어에 대한 부담으로 고민에 잠겨 있던 어느날, 학술 영어논문교정을 전문으로 하는 크림슨인터랙티브에서 번역 의뢰가 들어왔다. 과장되게 표현하자면 어떤 운명처럼 느껴졌고, 큰 기대감을 가지고 원고를 읽어 내려갔다.

우선, 인터뷰 형식으로 되어 있어서 편하게 읽을 수 있었다. 인터뷰 대상인 12명 각각의 개성이 뚜렷하게 드러나도록 서술되어 있었던 덕분에 원고를 읽는 동안 각 주인공을 직접 대면하고 있는 듯한 느낌이 들었다. 번역을 하면서도 이점을 충분히 살리고자 노력하였다. 또한 다양한 분야에서 사회를 이끌어 가고 있는 리더들에 관한 살아 있는 역사이기에 영어에 관한 내용뿐 아니라 삶을 진지하게 대하는 자세와 신념 등 인생선배로서의 배울 점도 많았다.

이 책에 등장하는 인물들의 공통점은 영어를 해야 하는 분명한 동기가 있었고, 영어가 서툴다 할지라도 각 개인으로서의 정체성에 관한 뚜렷한 의식을 가지고 있다는 것이다. 영어에 국한된 이야기이긴 하지만 사회적으로 성공한 사람들이라 할지라도 누구나 처음에는 좌절하는 순간이 있다는 것에 역자로서 위안을 받았고 원고를 읽는 동안에도 온 정신이 꿈틀거리는 것을 느낄 수 있었다. 다양한 분야의 전문가로서 각자의 인생관과 영어의 벽을 넘는 방법 또한 다양하였으며, 인터뷰 대상 인물에 나 자신을 투영하며 공감과 감탄할 수밖에 없었다.

또한 영어에 대한 개인적인 고민을 뛰어 넘어 다양한 리더들의 영어 관련 체험을 고스란히 담아냄으로써 많은 독자들에게 영어 정복의 실마리를 제공하고자 했던 필자의 노력에는 감복하지 않을 수 없었다.

이 책은 영어에 지친 사람들에게 활력을 불어넣어 주고 다시 새롭게 시작할 수 있는 촉진제가 되어 줄 것이라 확신한다.

머리말

2007년 1월, 나는 귀국 항공권 없이 단신으로 인도 뭄바이로 향했다.

뭄바이의 한 인도 법인에 근무하게 된 것이었다. 회사에는 선배 격인 일본인이 한 명 있었지만 나머지는 모두 일본어를 모르는 인도인 사원들이었다. 사장도 인도인, 상사나 동료도 인도인이었다. 당시 나는 현지 언어를 전혀 못했다. 업무 시에는 인도 공용어인 영어를 사용하지만 내 영어실력으로 말할 것 같으면 수 년 전에 공부한 수험영어가 풍화작용을 거쳐 기능 불가 상태였다. 게다가 말하고 듣는 실질적인 훈련도 받은 적이 없었다.

뭄바이공항에 내리자 현지 상사가 마중을 와 있었다. 택시를 탄 후, 이튿날부터 담당할 업무와 앞으로의 생활에 대한 것 등 여러 가지 기본적인 설명을 해 주었지만 특유의 인도식 억양도 섞여있어 무슨 말을 하는지 거의 알아들을 수 없었다. 의미 없는 소리의 덩어리 속에서 의미를 찾아내기 위해 필사적으로 귀를 기울이며 앞으로 겪게 될 고생을 상상하니 피로감이 몰려왔다.

내가 근무하는 회사는 일본 연구자나 비즈니스맨 고객에게 '영문 교정 서비스'를 제공하고 있다. 다시 말해 일본인이 쓴 불확실한 영어 논문이나 보고서를 원어민 교정자가 유창한 영문으로 첨삭하는 서비스를 하는 것이다.

세계화가 진행되고 있는 지금, 일본인이 영어로 무언가를 발표하는 기회가 늘고 있다. 영어 논문이 그 전형적인 예이다. 발표한 영어 논문이 얼마나 질적으로 높은 논문지에 게재되고, 얼마나 다른 논문에 많이 인용되는가에 따라 연구자에 대한 평가가 정해진다. 그러나 영어 원어민이 아닌 일본인 연구자가 원어민 수준의 영문을 작성하는 것은 어렵다. 그럴 경우, 우리 회사의 서비스가 도움이 된다. 다시 말해, 일본인

앞에 놓인 '영어의 벽'을 제거하는 것을 사명으로 삼고 있다.

일본에서 하루에도 수십 편의 의뢰가 들어오는 것을 보면서 나는 학문에 매진하는 연구자와 같은 사람들도 영어에 자신감을 가지고 있는 것은 아니라는 것을 처음으로 알았다. 그리고 그것이 영어로 인해 힘들어 하는 자신의 모습과도 겹쳐지면서 마음에 위로가 되었다.

최근 나의 회사 생활은 고난의 연속이었다. 상사가 업무지시를 해도 두세 번 되묻지 않으면 이해가 되지 않는다. 가끔은 글로써 전달하기도 하지만 결국엔 답답해진 상사가 혀를 끌끌 차고 만다. 또 자신의 생각을 말하려고 해도 작문 수준은 초등학생 이하이다. 말하고 싶은 내용의 90%는 말로 구현되지 못하고 내 안에서 사라져 갔다. 그 억울함과 답답함….

메이지 시대에 영국 유학을 떠난 나쓰메 소세키는 영어를 자유롭게 구사하지 못했던 탓에 제대로 된 인간 취급을 받지 못하다가 정신 착란을 일으키는 지경에 이르러 결국 귀국할 수 밖에 없었다고 한다.

인도에서 동일한 좌절감을 느끼고 있던 나는 그의 마음

을 이해할 수 있을 것 같았다. 그리고 이렇게 생각했다. 나쓰메 소세키가 괴로워할 정도라면 아무리 우수한 일본인이라 하더라도 영어의 벽 앞에서 발을 동동 구르며 눈물을 흘린 과거가 있지 않을까. 나는 스스로 앞으로 나아갈 힌트를 얻기 위해서라도 일본의 저명한 연구자들을 만나 영어의 벽과 어떻게 싸워 왔는지를 들어보는 여행을 떠나기로 결심했다.

내 방식대로 혼자떠나는 여행이기에 인터뷰 대상을 선택하는 기준도 특별히 없었다. 그저 개인적으로 만나서 이야기를 듣고 싶은 사람에게 인터뷰 요청을 하기로 했다. 하지만 이야기의 소재가 될 만한 영어와 관련된 경험이 있어야 하고 해외에서 나고 자란 배경이 있으면 기획 의도에서 벗어나므로 '20세 이후에 영어권에서 1년 이상 체류한 경험이 있는 연구자'라는 요건을 의식했다.

말하자면 '명석한 연구자일지라도 영어로 인해 눈물을 흘린 적이 있지 않을까?'라는 개인적인 호기심이 하나의 원동력이 되었는데, 인터뷰에 응했던 모든 분이 영어와의 관계라는 좌표축을 통해 자신의 생애를 더듬어가며 실패담도 숨김없이 들려 주었다. 그리고 이야기를 듣다 보니 각각의 연구자들의 '영어와 마주하는 법'이 무엇인지가 어렴풋하게나마 보이기 시작했다.

이 책의 제목으로는 요로 타케시 씨가 인터뷰 도중에 했던 말을 사용했다. 그것은 학창시절 요로 씨의 부르짖음이었지만 나의 부르짖음이기도 하다. 그리고 필시, 영어를 익히기 위해 공부하고 있는 우리들의 공통적인 부르짖음이기도 할 것이다.

이 책이 그런 분들에게 응원가가 되기를 기대해 본다.

크림슨인터랙티브
후루야 유코

목차

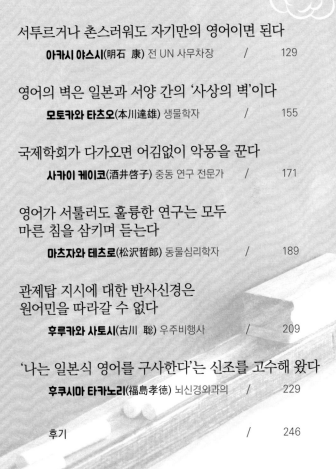

Takeshi Yourou

정말이지
'영어, 너 정말 이러기냐!' 하는
생각이 듭니다

해부학자

요로 타케시 養老孟司

1937년, 가나가와현 가마쿠라시 출생. 현재 기타사토대학 교수, 도쿄대학 명예교수. 가마쿠라시립 오나리초등학교 2학년 재학 당시 종전을 체험. 에코가쿠엔중학교 및 고등학교를 거쳐 1962년 도쿄대학 의학부에 입학. 그 후, 해부학교실에 들어가 1967년 도쿄대학대학원 기초의학박사 수료. 1971년부터 이듬해인 1972년까지 호주 멜버른대학교에서 유학. 1981년, 도쿄대학 의학부 교수로 취임하여 1995년에 퇴임. 해부학자로서의 얼굴뿐 아니라 사상, 철학, 자연과학, 사회평론 등 폭 넓은 분야에서 적극적인 집필 활동을 계속. 저작으로는 350만 부의 신작 판매 신기록을 달성한 베스트셀러 《바보의 벽(バカの壁, 新潮社)》을 비롯하여 산토리학예상 수상작인 《신체를 보는 법(からだの見方, 筑摩書房)》, 최근 저서인 《초(超) 바보의 벽(超バカの壁, 新潮社)》 등 다수가 있음. 열혈 곤충수집가로서도 알려져 있으며 가나가와현 하코네에 곤충 표본을 수납하는 전문관을 소유하고 있을 뿐 아니라 '인간과 동물의 관계 연구회' 회장으로서 도시화된 사람들에게 자연 회귀의 필요성을 설명하는 강연 활동을 전개 중.

처음 영어의 세계를 접한 것은 전후 혼란기였던 초등
학교 시절, 중학교 때는 다국적 교사에게 본 고장의
영어를 배웠고 유창해지고 싶다는 일념 하에 영어스
피치클럽에 들어가 셰익스피어를 암송하기도 했다.
컴퓨터도 인터넷도 없던 대학원 시절, 영어 논문 집필
은 결승점이 보이지 않는 마라톤 코스를 힘겹게 달리
는 듯한 길고 고통스러운 과정이었다.
2003년에 저서 《바보의 벽》이 신간판매 기록을 경
신하는 등 학술계의 언론리더로서 적극적인 발언을
끊임없이 펼쳐 온 해부학자가 '영어의 벽'을 느끼는
순간은 언제일까?
영어 논문과의 격투 비화에서 '일본인의 뇌'와 영어의
관계에 이르기까지 요로 타케시 씨를 통해 '영어'에
관한 진솔한 이야기를 들을 수 있었다.

::: 전후 혼란기에 배운 'an apple'과 'the apple'

젊은 사람들은 알지 모르겠지만 태평양전쟁 시절에 영어는 '적성어(敵性語)'로 불리며 적극적으로 배제되었습니다. 전쟁이 끝난 건 제가 초등학교 2학년 때의 일입니다. 저는 가마쿠라 공립초등학교에 다녔는데 초등학교 5학년과 6학년 때 영어 수업이 도입되었습니다.

그때까지 영어를 적대시하라고 가르치던 선생님들이 갑자기 영어를 가르치게 된 겁니다. 선생님이 'This is a pen'이라고 하면 학생들이 앵무새처럼 따라 하는 고전적이면서 판에 박은 듯한 방식의 영어수업이었습니다.

초등학교 시절, 선생님이 관사 'a'와 'the'의 차이에 관해 설명해 주셨던 것을 지금도 기억합니다.

우선, 선생님은 'the apple'이란 '저 사과, 이 사과, 그 사과' 처럼 어느 것인지 정해지는 구체적인 사과라고 가르쳐 주셨습니다. 그리고 'an apple'은 '어디의 어느 것도 아닌 누구나 아는 하나의 사과'라고 하셨습니다.

저는 '어디의 어느 것도 아닌, 누구나 아는 하나의 사과'가 무엇을 의미하는지 전혀 감이 오지 않았습니다. 그래도 옛날 아이들은 순수해서, 선생님은 세상에서 제일 훌륭한 분이니까, 어쩐지 이상하고 이해가 되지 않았지만 아무 말도 못했습니다.

'어디의 어느 것도 아닌, 누구나 아는'이라는 설명을 듣고 저는 당시 유행하던 노래를 떠올렸습니다. 어느 곳의 누군가는 모르지만, 누구나 알고 있는 ….

그렇다. '월광가면에 나오는 아저씨' 노래가 있지. 월광가면을 영어로 하면 'a 월광가면'이 되나 하고 어린 마음에 생각했던 기억이 있습니다.

그렇게 제가 처음 접한 영어는 전후 혼란기에 초등학교에서 배운 초급 영어였습니다. 지금 초등학교에 영어를 도입할 것인가 말 것인가를 두고 말이 많은데, 저희는 초등학교 때부터 영어를 배운 세대이니 지금 생각하면 시대를 앞서갔다고 할 수 있겠네요(웃음).

::: 스피치클럽에서 유명한 영어 구절을 암송하다

중학교는 어머니와 누님의 권유로 가톨릭계 사립학교인 에코가쿠엔에 진학했습니다. 교내에 수도원이 있고 신부님이 계시는 그런 학교였습니다.

제게 영어를 가르쳐 주셨던 분들은 독일인, 아일랜드인, 벨기에인, 게다가 체조 선생님은 체코인이었습니다. 전쟁 직후였던 시절 치고는 극단적으로 국제화된 환경이었지요. 그래서인지 에코가쿠엔의 영어 교육은 보통의 일본학교의 그것과는 전혀 달랐습니다. 수업 자체는 일본어로 진행되었지만 교과서는 모두 영어로 되어 있었고 난해한 문법이나 영단어가 사정없이 나열되어 있었습니다. 하나 하나 사전에서 뜻을 찾아가면서 수업을 받았지요.

또한 저는 영어스피치클럽에 들어갔습니다. 어설픈 영어를 배우던 초등학교를 졸업하고 중학교에 진학해 보니 교과서는 모두 영어인데다가 주변에 원어민들이 많았던 탓에 살아있는 영어를 처음 접하면서 컬처 충격을 느꼈기 때문입니다.

어학을 그다지 좋아하는 편은 아니었지만 어린 생각에도

좀 더 제대로 구사하고 싶은 마음에 스피치클럽에 들어가게 된 겁니다.

스피치클럽에서는 정통적인 영어 교수법으로 가르쳤습니다. 학생들에게 셰익스피어의 희극이나 워싱턴 초대 미국 대통령의 취임 연설, 링컨 대통령의 게티스버그 연설 같은 고전적인 명문을 철저하게 암기시키고 사람들 앞에서 발표하게 했습니다.

어린 시절에 반복 복창함으로써 뇌에 정착시키는 것은 어학 학습법으로서 최적입니다. 지금 돌이켜 봐도 중학교 시절의 영어 학습이 제 영어 실력의 기초를 만들어 주었다고 생각됩니다.

::: 영어 논문을 쓰는 데 지금의 수십 배의 시간이 걸렸다

제가 처음 쓴 영어 논문은 40년 전에 쓴 박사 논문입니다. 당시 저는 도쿄대학 의학부 학생이었는데 닭의 배자를 이용한 피부 발생에 관한 연구를 주제로 논문을 썼습니다. 닭 발 표피의 단면을 통해 세포 분열 양상을 관찰했지요.

세포는 어느 시기까지는 계속 단층이다가 어느 시점을 경계로 돌연 그 수가 늘어나면서 비늘 형태로 겹겹이 쌓여갑니다. 그래서 도대체 세포에 무슨 일이 일어나는지 유심히 관찰했습니다.

처음 영어 논문을 쓰면서 힘들었던 건 다름아니라 정신이 혼미해질 정도로 시간이 걸렸다는 점입니다. 그렇게 많은 시간이 걸린 이유는 적절한 영어 표현을 찾아내는 것이 쉽지 않았기 때문입니다. 당시에는 컴퓨터도 인터넷도 없었기 때문에 영문을 쓰기 위해서는 닥치는 대로 읽을 수밖에 없었습니다. 다시 말해 자기가 말하고자 하는 내용에 가까운 표현을 만날 때까지 영문을 읽고 또 읽어서 적절한 표현이 있으면 주워오는 겁니다.

영문 서적을 읽다 보면 '이걸 말하기 위해 영어로는 이런 표현을 쓰는구나'하고 깨닫게 되는 경우가 있지요? 운 좋게 그런 표현을 만날 때까지 찾는 겁니다. 그때까지는 자신이 알고 있는 범위 내의 표현밖에 쓰지 못하기 때문에 상당히 부자연스러울 뿐 아니라 자신이 쓴 문장이 유치하기 이를 데 없어 속이 끓습니다. 생각대로 표현할 수 없는 답답함을 느낄 때는 마치 어린 아이가 된 것 같습니다. 많은 사람들이 '어린 아이들은 무엇을 잘 모른다'고 생각하지만 그렇지 않습니다. 어린 아이들도 상당히 복잡한 심리까지 이해할 수 있지만 그것을 말로 표현하는 것이 서툴 뿐입니다.

자신이 말하고자 하는 내용과 딱 맞아 떨어지는 적절한 표현을 찾아냈을 때는 기뻐서 어쩔 줄을 몰라하며 의기양양하게 논문을 씁니다. 그런데 언어라는 것이 참 얄궂지요. 그렇게 고생하면서 썼는데 더 간결하고 훨씬 짧은 표현이 가능하다는 것을 어느날 깨닫게 되는 경우가 있습니다. '이렇게 답답하게 쓰지 않아도 이런 표현을 쓰면 간단하구나'하고 말이죠. 구체적인 일례로서 지금 떠오르는 것이 있네요. 'different'라는 형용사를 쓰는 경우, 'differ'라는 동사를 석설하게 사용하면 'different'라는 긴 형용사 없이도 간략한 표현이 됩니다.

일단, 그런 발견을 해 버리면 논문을 완성한 후에도 몇 번씩이나 고치게 됩니다. 게다가 그 당시에는 컴퓨터처럼 편리한 도구가 없었고, 수정이 불가능한 타자기를 사용했기 때문에 어쩔 수 없이 처음부터 다시 쓸 수밖에 없었습니다.

그땐 정말이지, '영어, 너 정말 이러기냐' 하는 생각이 들었습니다. 이렇게 영어 논문을 완성하기 위해서는 지금의 몇십 배의 시간과 노력이 필요했습니다.

제가 두 번째 영어 논문을 썼을 때 원고를 체크했던 논문지 리뷰어가 '이건 원어민이 쓴 영어인데…' 하더군요. 다시 말해, '본인이 직접 쓰지 않았을 거다'라는 겁니다. '(일본인이) 이런 영어를 구사할 수 있을 리가 없다'라고 생각했던 거지요.

그러나 실상은 수도 없이 문헌을 읽어가며 표현을 찾고 타자기로 처음부터 몇 번씩이나 고쳐 쓰다 보니 어느새 훌륭한 영어 문장들이 되어갔던 겁니다. 또한 그런 식으로 정신이 혼미해질 때까지 작업을 반복하다 보면 뇌에 효과적으로 정착됩니다. 그래서 저는 영어 논문을 쓸 때마다 실력이 늘어 갔습니다.

저는 도쿄대학에서 30년 간 가르치면서 학생들의 논문을 지도한 적도 많습니다만 최근 30년 사이에 다들 꽤 훌륭한 영어 논문을 쓰게 되었습니다.

인터넷 같은 검색 도구를 통해 뭐든지 쉽게 알아 볼 수 있게 된 데다가 세계화 시대를 살면서 어릴 적부터 영어를 접할 기회가 많아진 덕도 있을 겁니다. 지금 학생들이 써오는 영어 논문에 비하면 영어의 질적 측면에서 봤을 때 당시 제 논문은 비교도 안 될 만큼 뒤떨어지겠지요.

다만 한 가지 걸리는 것은 지금의 학생들에게 논문을 쓰게 하면 전부 인터넷 정보를 가져와서 그것들을 이어 붙인 다음에 짜깁기하여 만들어 낸다는 사실입니다. 정보 처리 능력은 높지만 정보 생산 능력은 현저하게 떨어지는 것을 느낍니다.

영어 논문을 쓰는 학생들에게 하고 싶은 말은 좋든 싫든 '자신의 표현으로 쓰라'는 것입니다.

스스로 생각해서 자신만의 영어로 썼으면 합니다.

⠿ 종잡을 수 없었던 호주식 영어

도쿄대학 조교였던 30세 때, 호주 멜버른대학교에서 1년 간 유학을 했습니다.

유학 전에 특별히 집중적으로 영어 공부를 하거나 하지는 않았습니다. 제 영어 공부는 학교 교육을 받은 것이 전부로 초등학교, 중학교, 고등학교 수업 그리고 영어 논문을 쓴 경험 정도였습니다.

영어회화로 고생한 기억이라고 할 것 같으면 호주식 발음이 강한 영어를 알아듣는 것이 매우 어려웠던 기억이 있습니다. TV 뉴스나 라디오 등에서는 알아듣기 쉬운 영어가 흘러 나오지만, 호주식 영어로 이루어지는 일상회화는 전혀 통하지도 않을 뿐 아니라 말하는 속도도 굉장히 빨랐습니다.

제가 어느날 파티에 참석했을 때의 일입니다. 이제 막 호주에 도착한 미국인이 택시에서 내리면서 웬일인지 화를 내더군요. '택시기사가 하는 말의 반도 못 알아듣겠다. 이건 영어가 아니다'라는 겁니다. 호주는 그런 곳이었습니다.

호주식 억양과 관련된 재미있는 에피소드는 그밖에도 수

없이 많습니다. 호주에서 제가 처음 참석했던 학술 심포지엄이 'ATP', 즉 아데노신 3 인산과 'ITP', 이노신 3 인산이라는 세포의 에너지 물질에 관한 것이었습니다. 호주에서는 'A'를 '아이'로 발음하기 때문에 호주 사람이 ATP 혹은 ITP라고 말할 때 뭐가 뭔지 구분이 안 갔습니다. 그 심포지엄에서는 무엇을 어떤 식으로 말하고 있는 건지 종잡을 수 없었습니다. 다들 그럴싸한 표정으로 듣고 있었지만 호주 국외에서 온 참가자들은 당혹감을 느끼며, 속으로 간신히 웃음을 참고 있지 않았을까 싶습니다.

일상적인 대화에서도 'You come to my place today. (오늘 우리 집에 올 거지?)'라고 할 것을 생글생글 웃으며 'You come to my place to die. (죽으려고 우리 집에 올 거지?)'라고 하니 말입니다.

그런데 어느날, 유치원에 다니는 아들이 그림 그리기를 하고 있길래 '지금 뭐 하니?' 하고 물었더니 'paint(파인트)'라고 대답하더군요. 호주식 발음을 제대로 익힌 거지요(웃음). 아이들은 적응이 빠르더군요.

::: 영어로 '표현 못하는 감정'은 없다

호주 유학 시절에는 단독으로 영어 논문을 쓰기 보다는 멜버른대학교 연구자들과 공동집필을 할 기회가 많았습니다. 물론 저는 원어민 수준의 영어를 구사할 자신이 없기 때문에 작성한 논문은 공동 연구자에게 체크를 부탁하거나 조언을 구하기도 했습니다.

어느날 제가 담당한 부분에 대해 공동 연구자에게 '이런 내용을 영어로 잘 못 쓰겠다'라며 조언을 구한 적이 있었습니다. 그때 그 사람이 뭐라고 한 지 아십니까?

'영어로 쓰지 못하는것은 없다'는 겁니다. 다시 말해 '영어로 표현하지 못하는 것은 없다. 만약 표현할 수 없다면 그런 건 처음부터 존재하지 않는거다'라는 거지요.

일본인들은 그렇게 생각하지 않습니다. 일본에는 '말할래야 말할 수 없다'든지 '글로는 다 표현할 수 없다'든지 '말로 표현할 수 없는 감정'같은 것이 있지 않습니까. 그런데 영어권 사람들은 '말로 하지 않으면 통하지 않는다. 통하지 않는 건 무시해도 되지 않나'라는 식의 사고방식을 가지고 있습니다.

그러니 국제회의 같은 곳에가면 이심전심의 나라에서 온 일본인들은 침묵으로 일관하는 겁니다. 누군가 내 의사를 알아 주고 있지 않을까 생각하면서 기다리고 있는지 모르겠지만 일본인이 아닌 이상 누구도 내 생각을 알아주거나 이해해주지 않습니다. 구미 쪽 사람들 입장에서는 '말하지 않으면 모르잖아!'라는 한 마디로 끝입니다.

::: 영어는 '애매모호함'을 용납하지 않는 언어다

호주에서 저희 아이가 자동차 접촉사고로 다치는 바람에 경찰에 조서를 제출한 적이 있었습니다.

호주에서는 교통사고가 발생하면 반드시 당사자가 조서를 써서 사고에 대해 보고하고 어느 쪽에 책임이 있는지 경찰이 판단하게 합니다. 사고 경위를 영어로 작성하기 위해 조서를 보다가 저는 갑자기 뭐가 뭔지 몰라서 쓸 수 없게 되어 버렸습니다.

그 이유는 일본어로 작성하는 경우, 예를 들어 '나는 일반적인 속도로 달리고 있었다'라는 식으로 다소 막연하게나마 문장을 만들 수 있는데 영어로는 '시속 몇 킬로로 달리고 있었다'라고 구체적으로 기술하지 않으면 문장이 되지 않는다는 것을 깨달았던 것입니다. 결국, 저는 현장을 다시 방문해서 사고 당시 상황을 구체적으로 생각해내야 했습니다.

그때, 저는 영어와 일본어의 특성이 다르다는 것을 깨닫게 되었습니다.

영어로 어떤 일을 설명할 때는 구체적으로 기술할수밖에

없다. 그보다 영어라는 언어의 특성상 관찰을 필요로 하며, 구체성을 요구한다는 것을 깨달은 것이지요. 일본어에 비해 영어는 애매모호함을 용납하지 않는 언어로 어떤 내용이 빠지면 문장이 완성되지 않는 경우가 있습니다.

예를 들어 저는 곤충을 좋아해서 곤충에 관한 논문을 쓰기도 합니다만 일본어라면 '제2관절이 있다'라고 하면 충분할 것을 영어로 쓸 경우, '무엇과 무엇 사이에 제2관절이 있다'라고 보다 구체적으로 쓰지 않으면 문장으로서 성립되지 않는 경우가 있습니다. 그래서 막상 영어로 논문을 쓰다가도 도중에 모르는 것이 있어 한 번 더 곤충이 있는 곳으로 돌아가 관찰을 하게 되는 일이 자주 생깁니다.

⠿ 영어의 '증언주의'와 일본어의 '자백주의'

이처럼 영어라는 언어가 구체적인 기술을 강요하는 특징을 가지고 있는 탓에, 반대로 만일 교통사고 상황을 자신에게 유리한 쪽으로 작성하려면, 이번에는 '상세한 거짓말'을 할 수밖에 없게 됩니다.

예를 들어 '자신이 제한속도를 넘어선 시속 90킬로로 달리고 있었다'는 것이 진실인 경우, 일본어라면 그래도 '일반적인 속도로 달리고 있었습니다'라는 애매한 해명으로 무난하게 넘어갈 것을 영어로 할 경우에는 '90킬로로 달리고 있었습니다'라고 사실을 인정함으로써 벌금을 물든지 아니면 '법정속도인 60킬로로 달리고 있었습니다'라는 새빨간 거짓말을 하든지 둘 중에 하나밖에 선택할 수 없는 겁니다.

그래서 제가 생각한 것이 '영어는 왜 증언주의인가'하는 것이었습니다. 미국의 재판에서는 증언이 중시됩니다. 증인이 증언대에서 발언할 때, 영어로 말하는 이상은 구체적으로 말할 수밖에 없으니 사실을 구체적으로 밝히든지 아니면 새빨간 거짓말을 구체적으로 하든지 두 가지 선택 외에는 없습니다.

그러니까 미국의 재판제도에서는 동시에 묵비권이 인정되는 것이겠지요. 거짓말을 하는 것은 나쁘고 윤리적으로 옳지않은 일이라는 인식이 있는데, 그렇다고 해서 영어로는 막연하게 표현할수도 없으니 진실을 말할 수 없다면 침묵할 수밖에 없는 것이지요.

반면, 일본어는 영어와는 달리 말의 구체성을 요구하지 않기 때문에 '일반적인 속도'라는 말로 적당히 빠져나올 수 있는 것처럼 얼마든지 상황을 애매모호하게 표현할 수 있습니다. 또, 할 수 있는 말은 다 사용하여 무언가를 설명하는 듯해도 실제로 중요한 말은 하고 있지 않는 경우도 있습니다.

그러나 일본어에는 말 속에 마음이 녹아 들어 버리는 특징이 있습니다. '말하다 보면 무심코 진실을 말하게 되는 것'이지요. 즉, 아무리 추궁해도 자백하지 않지만 자발적으로 말하게 하면 진실을 말하고 마는 것입니다. '행간을 읽는 것' 다시 말해 단어의 선택이나 어조를 통해 상대방의 진의를 파악하는 것이 가능합니다. 또, 장관들이 본심을 숨긴 채 발언하는 것을 보고 마음이 실려 있지 않은 '관료답변'이라고 하는 것처럼 일본어에는 말과 마음이 강하게 연결되어 있음을 나타내는 표현이 많습니다.

일본어는 증언주의가 아니라 자백주의인 것이지요. 일본인은 마음이 담겨 있지 않은 말은 바로 알아차립니다. 상대방의 진짜 생각이 무엇인지를 그 사람의 말을 통해 간파할 수 있습니다. 그것이 일본어의 특징입니다.

영어가 '사물과 말'의 연동이 강한 언어라면 일본어는 '마음과 말'의 연동이 강한 언어라고 할 수 있겠지요.

::: '일본인의 뇌'로 영어를 학습하는 것은 어렵다

일본어와 영어는 성질적인 차이도 있지만 언어를 사용하는 '뇌'라는 관점에서 보더라도 양자는 크게 다릅니다. 사실 '일본인의 뇌'로 영어를 학습하는 것은 상당히 어렵습니다.

'重'이라는 한자를 쓰고 이것을 어떻게 읽느냐고 물어보면 일본인이라면 순간적으로 대답하지 못합니다. 뒤에 'い'라는 글자가 따라오면 'おもい(오모이)', 'ねる'가 붙으면 'かさねる(가사네루)', '重複'의 경우에는 'ちょう(초)', '重大'의 경우에는 'じゅう(주)'라고 읽습니다. 'しげ(시게)'로도 읽을 수 있습니다. 다시 말해 일본인은 '重'이라는 글자의 뜻을 먼저 이해한 후, 소리에 대해서는 나중에 'じゅう'인지 'ちょう'인지, 또 다른 발음인지를 판단하는 겁니다.

영어권 사람들은 하나의 알파벳이 하나의 발음으로 이어지는 세계에 살고 있기 때문에 이런 개념을 이해할 수 없습니다. 즉, 알파벳 문자 그 자체에는 뜻이 없기 때문에 a-p-p-l-e처럼 문자가 연결될 때 비로소 '애플'이라고 발음되면서 그 뜻을 알 수 있습니다. 일본어의 히라가나와 가타카나도 같은 원리입니다.

　뇌졸중 등으로 인해 뇌의 일부가 손상되어 글자를 읽을 수 없게 되는 이른바 '난독증'을 겪는 경우가 있습니다. 영어권 사람들은 글자를 전혀 읽을 수 없게 되지만 일본인의 경우, 히라가나, 가타카나를 읽지 못하는 사람과 한자를 읽지 못하는 사람의 두 부류로 나뉩니다. 왜냐하면 일본인의 뇌에서 '히라가나, 가타카나를 읽는 부위'와 '한자를 읽는 부위'가 각각 다르기 때문이지요.

　영어를 읽는 능력은 알파벳이라는 기호가 있을 때, 그것을 소리와 연결시키는 능력입니다. 난독증인 사람은 눈에 보이는 a-p-p-l-e라는 문자의 나열을 '애플'이라는 발음으로 연결시키는 이 회로가 끊긴 겁니다. 이와 같은 회로는 동물이 살아감에 있어 필수적인 것이 아니기 때문에 그런 능력이 결여된 사람이 있는 것이 이상한 일은 아닙니다. 미국의 경우, 초등학생의 난독증이 인구의 8% 정도 된다고 합니다.

　일본에도 그러한 장애가 있을 텐데 그다지 눈에 띄지 않습니다. 왜냐하면 일본어를 읽고 쓸 때는 알파벳처럼 히라가나, 가타카나가 음으로 연결되어 의미가 만들어지는 회로와 앞서 예로 든 '重'처럼 한자를 통해 의미를 상기시키는 회로, 뇌의 이 두 부분을 사용하기 때문에 일본인이 난독증을 겪는 경우에도 전혀 글자를 못 읽게 되는 경우는 적습니다.

'한자를 읽는 부위'는 일본인 이외에는 거의 사용하지 않습니다. 뇌의 두 영역을 사용하여 읽고 쓰는 뇌 구조는 지극히 특수한 예로 전 세계적으로도 드뭅니다.

이처럼 일본인에게는 히라가나, 가타카나와 한자를 적절히 조합하여 사용하는 복잡한 구조가 애초부터 뇌 속에 갖춰져 있는 까닭에 26개 문자의 조합으로 이루어지는 영어의 세계에는 익숙해지기도 어려울 뿐 아니라 배우기도 쉽지 않은 것입니다.

일본인의 영어는 형편없다고 말하기 전에 일본어란 무엇이며 영어와 어떤 점이 다른지를 이해한 후에 이야기했으면 합니다.

::: 내가 영어 논문을 쓰지 않게 된 이유

지금까지 이야기한 것처럼 일본어와 영어는 성격이 전혀 다른 언어입니다. 일본어 논문을 그대로 가지고 와서 말 그대로 번역하여 영어 논문으로 사용할 수 있냐 하면 전혀 그렇지 않습니다. 또한 뇌의 구조라는 관점에서 생각해도 일본인은 상당한 노력과 시간을 들여 영어의 벽과 마주할 수밖에 없습니다.

영어 논문을 10년 정도 쓰고, 이런 바보 같은 짓을 다시는 하지 않겠다고 저는 생각하게 되었습니다. 같은 논문을 발표하더라도 일본어로 쓰면 훨씬 빠를 뿐 아니라 훨씬 완성도 높은 문장을 쓸 수 있기 때문이지요.

작가들의 경우, 단어를 고르고 골라서 만족할 때까지 다듬는 것에 목숨을 거는 것이 그들의 일이기에 영어 문장에 몰두하는 건 당연하겠지요. 하지만 저 같이 자신의 연구나 학생 지도라는 본래의 일이 있는 사람이, 그 실적을 쌓아나가면서 영어 수준을 높은 경지에까지 올리는 것은 거의 불가능하다고 생각되더군요. 그래서 어느날부터 저는 영어 논문을 쓰지 않게 되었습니다.

그리고 일본 학회라는 것이 이상한 논리를 내세우며 영어로 쓰지 않은 것은 논문이 아니라기에, 저는 굳이 그것에 휩쓸리지 않기로 했습니다. 논문투고는 수준 있는 논문지여야 한다는 둥 여기에 실리면 일류라는 둥 말이 많은데, 저는 그런 것도 싫어서 아예 단행본으로 만들었습니다. 제가 생각하는 것이 다른 사람에게 전달되기만 하면 충분하지 않습니까. 정말 필요하다면 언젠가 영어로 번역되겠지요.

최근에 왜 영어로 쓰지 않느냐는 말을 자주 듣습니다. 그러면 '귀찮아서…'라고 답합니다. 영어는 제 전문이 아니기 때문에 굳이 쓸 데 없는 힘을 낭비하고 싶지 않습니다. 제 주위에는 저보다 영어를 잘하는 사람이 많지만 그것 때문에 속상하다든지 '나도 열심히 하자'고 생각한 적도 없고 영어를 못해서 침울했던 경험도 없습니다. 어쩔 수 없지요. 뉴욕에 가면 아이들도, 갱들도 영어를 합니다. 영어로 말하는 것 자체가 그리 대단한 일은 아니지 않습니까. 잊어서 안 될 것은 영어는 어디까지나 자기가 말하고자 하는 것을 전달하는 수단이지 영어를 말하는 것 자체가 목적은 아니라는 겁니다.

영어의 벽은 물론 느낍니다. 제가 영어를 그만둔 또 하나의 이유는 설사 내가 하려는 말을 정확하게 구사하고 완벽한 문장을 쓸 수 있게 되더라도 상대방이 그것을 어떻게 받아들이는지 알 수 없다는 것이었습니다. 예를 들어 제가 영어 단어를 지식으로 안다 하더라도 그 단어의 미묘한 뉘앙스 같은 본질적인 부분은 역시 원어민이 아니면 이해할 수 없습니다. 그러니까 엄밀히 말해 영어로 100% 정확한 의사소통을 하는 것은 불가능한 것이지요. 그것이 제가 넘을 수 없었던 영어의 벽입니다.

게다가 저는 어느 시기부터 단어암기가 어려워졌습니다. 영어의 벽이라기 보다는 뇌의 노화와 관련된 문제인데, 영어책을 읽다가 몇 번이나 같은 단어와 맞닥뜨려도 매번 찾아보게 되고 그것도 금새 잊어버립니다. 하지만 영어 단어를 많이 외운다고 다가 아니지요. 같은 말의 반복이 되겠지만 어차피 영어는 수단에 지나지 않으니까 모르는 영어 단어가 나오면 찾아보면 그만입니다.

요즘 영어 붐이라고들 합니다만 그렇게 영어를 잘하면 뭔가 좋은 일이라도 생기는지 궁금합니다. 다른 사람에게 들려주고 싶은 자신의 생각 자체는 별로 없지 않나요. 다들 목적은 제쳐두고 수단만 연마하고 있습니다. 그렇게 열심히 구두를 닦은 후에 어디로 가려는 걸까요? 가야 할 멋진 파티도 없는데 말입니다.

Heizo Takenaka

매일같이
'영어의 벽'을 느낀다
하지만
'도전 정신'을
가질 수밖에 없다

경제학박사

타케나카 헤이조 竹中平蔵

1951년, 와카야마현 와카야마시 출생. 1973년에 히토쓰바시대학 경제학부를 졸업한 후, 일본개발은행(현재, 일본정책투자은행)에 입사. 1981년, 하버드대학교 및 펜실베니아대학교 객원 연구원. 1989년, 하버드대학교 부교수로서 부임. 2001년, 고이즈미 준이치로 수상에게 발탁되어 민간인으로서 경제재정정책담당대신으로 취임. 2004년, 참의원 의원에 당선. 이후, 2006년에 정계를 은퇴할 때까지 경제 담당 관료를 역임. 또한 전문서적에서 초보자를 위한 서적에 이르기까지 많은 경제학 관련 저서를 집필. 1984년에는《경제 개발과 설비 투자의 경제학(経済開発と設備投資の経済学,東洋経済新聞社)》으로 산토리학예상을 수상. 현재, 게이오기주쿠대학 교수, 글로벌보안연구소 소장, 일본경제연구센터 특별고문 등 다수의 요직에서 활동 중.

2001~2006년까지 고이즈미 내각의 경제 담당 각료로서, 경제학자로서의 전문성을 살려일본 경제의 구조 개혁을 계속해 온 타케나카 헤이조 씨.

또한 그는 '영어로 매력적인 커뮤니케이션을 할 수 없는 사람은 리더가 될 자격이 없다'는 지론을 가진 영어 실력자이기도 하다.

예를 들어 장관 신분으로 방문한 미국에서는 기자회견 시, 통역관의 영어를 정정하기도 했다. 또한 세계 각국의 주요 경제인이 모이는 다보스포럼에 초청되어 영어로 대등하게 자신의 의견을 펼쳤다.

그러나 30세가 되기 직전 첫 해외 유학을 떠났을 당시, 그런 타케나카 씨도 맥도날드 점원의 거침없는 영어 폭격에 아무런 반응도 하지 못했던 씁쓸한 경험이 있다고 한다.

세계화가 가속화되는 지금, 영어 원어민이 아닌 일본인이 국제무대에서 존재감을 드러내기 위해서는 어떻게 해야 할까.

지금은 정계를 은퇴하고 학자로서의 삶을 살고 있는 타케나카 씨의 이야기를 들어보았다.

::: 영어 신문 기사를 매일 한 개씩 읽었다

제가 대학 입시를 치른 해는 마침 대학분쟁으로 인해 도쿄
대학 입시가 중지되었던 해로 베이비붐이 절정을 이루던 때
였습니다. 지극히 평범하게 수험 영어를 공부한 저는 히토쓰
바시대학에 입학했습니다.

대학에서 느낀 점은 내가 아는 영어는 수험 영어가 전부
라는 사실이었습니다. 그래도 눈 앞에 가능성이 펼쳐져 있는
18세의 젊은이였기에 세계를 무대로 활약하고 싶다는 정도
의 꿈은 있었습니다. 그래서 대학과 병행하면서 영어회화학
원에 다니기 시작했습니다. 학생운동으로 대학 기능이 거의

마비되었던 시기이기에 가능했죠.

당시의 영어 공부 방법은 영어 신문을 읽는 것이었습니다. 물론 사전 없이 읽을 정도의 실력이 아니어서 하루에 기사 한 개씩만 선택했습니다. 그래도 그것만은 사전을 찾아가면서 정성껏 읽었죠. 전부 다 읽는 것은 어렵지만 하루 한 개 정도라면 매일 계속할 수 있지 않습니까.

가끔 생각나는 에피소드가 있습니다. 어느날, 영어 선생님이 빈 콜라 캔을 가지고 와서는 학생들 앞에 거꾸로 뒤집어 놓았습니다. 그리고는 '아무 것도 안 나오지?'라고 하는 겁니다. 아무 것도 안 나온다는 건 안에 아무 것도 없는 거다. 너희들이 영어를 못하는 건 너희들 안에 영어가 없기 때문이다라고 했습니다.

그 선생님은 유명한 스피치를 암송하게 했습니다. 예를 들어 킹 목사의 'I have a dream'이라든지 케네디 대통령의 취임 연설 같은 것이었습니다. 케네디 대통령 연설은 무려 20~30분이나 됩니다. 지금 생각하면 그런 것을 잘도 외웠구나 싶습니다만 전부 외웠었습니다. 영문 암송은 초기 훈련 방법으로 효과적인 것 같습니다.

::: 영어로 고생하던 시절, 일장기에 위로받았다

29세 때, 하버드대학교 국제문제연구소에 객원연구원으로 가게 되었습니다.

영어 공부는 어느 정도 했다고 생각했는데 전혀 통하지 않더군요. 영어의 벽을 절감했습니다.

아마 유학을 경험한 사람이라면 모두 느껴 봤겠지만 유학 간지 얼마 되지 않은 시기에는 매우 힘듭니다. 처음 6개월 정도는 누구나 고생을 하게되죠. TOEFL 성적이 아무리 좋아도 원어민들 사이에 섞여 대등하게 살아간다는 것은 이만저만 어려운 일이 아닙니다. 저도 당시에는 앞으로 잘 해낼 수 있을까 하는 마음에 무척 불안했습니다.

저에게 효과적이었던 것은 영어를 잘하는 일본인을 따라 하는 것이었습니다. 하버드대학교 법학부 객원교수 중에 영어가 매우 유창한 분이 있었습니다. 외교권으로 마사코 왕세자비의 부친인 오와다 히사시 씨였습니다. 오와다 씨의 영어는 원어민의 영어보다 알아듣기 편했습니다. 그래서 그 분의 영어를 읽고 쓰면서 테크닉을 제 것으로 삼았죠.

하버드대학교가 위치한 보스턴에 도착한지 1주일 정도가 지났을 때였습니다. 아직 영어가 잘 통하지 않아 매우 답답해 하던 시기였는데, 당시 보스턴 마라톤이 개최되었습니다. 그 대회에서 우승한 것이 일본인인 세코 토시히코 선수입니다.

세코 선수는 사전 평가가 좋았지만, 강력한 라이벌이 많았던 탓에 결과를 예측할 수 없었습니다. 그래서, 누가 가장 먼저 들어올까 생각하면서 결승점 근처에서 기다리고 있는데, 흰색 유니폼에 붉은 색 동그라미가 딱 보이는 겁니다. 영어가 통하지 않아 힘들어 하던 시기에, 외국에서 고군분투하는 일본인을 본 제 기쁨은 이루 말할 수 없었습니다. 나도 힘을 내자고 굳게 다짐했던 것을 지금도 기억합니다. 용기를 얻은 것이죠.

::: 노벨상 급 교수들을 찾아 다니며 인터뷰하다

하버드 시절, 영어 학습법이라고 할만한 것은 특별히 없었지만 상당히 열심히 했습니다. 예를 들면 의식적으로 아침에 있었던 일을 영어로 중얼거리며 다녔습니다. TV에서 이런 프로그램을 했다든지, 이 뉴스에 대해 나는 이렇게 생각한다든지, 생각나는 것을 영어로 중얼중얼 해설하는 겁니다. 혼잣말로 중얼중얼… 그러다 보면 말이 막히는 부분이 있는데, 영어용법 가운데 자신이 어느 부분에 약한지 저절로 알게 됩니다.

다만 영어를 익히기에는 좋은 방법일지 몰라도 가족에게는 피해가 갈 수도 있습니다. '중얼중얼 혼잣말이나 하고 드디어 어딘가 이상해진 건가'하고 걱정할 수도 있으니까요 (웃음).

영어 실력을 키우는 방법으로 또 한 가지, 하버드에는 노벨상 급의 기라성 같은 분들이 전 세계에서 모입니다. 시간이 날 때면 10분, 20분이라도 만나 달라고 많은 분들에게 인터뷰 요청을 했습니다.

보스톤에 사는 학생들은 시간이 나면 뉴욕에 뮤지컬을 보러 가기도 하는데 저는 그런 시간이 아깝더군요. 비록 제 영어 실력은 부족했지만 지적 수준이 높은 분들과 대화하면 내용은 이해할 수 있었기에 그 경험이 매우 유익했습니다.

세계 일류 교수님들과 그럴싸하게 영어로 토론한 후, 기분 좋게 시내에 나가서는 맥도날드 점원의 따발총 같은 영어를 하나도 못 알아듣고 기가 죽기도 했습니다(웃음). 그런 고생담은 수도 없이 많습니다.

::: 나는 지금도 관사에 대해 잘 모른다

첫 영어 논문에 대한 기억은 가물가물합니다만 하버드 시절, 일본과 미국의 설비 투자를 비교하는 내용의 영어 논문이 초기 논문이었던 것 같습니다.

물론 고생했죠.

쓰기 시작하는 시점부터 막히고 막상 쓰다 보면 굉장히 장황해지는 겁니다. 그게 가장 고생한 점입니다. 다시 말해, 머리 속에 써야 할 내용이 정리되어 있지 않으니 쓰기 시작하는 것이 쉽지 않았던 것이죠. 그리고 적절한 표현을 찾지 못해서 어느 순간부터 점점 장황해집니다. 나중에는 페이지 수가 너무 늘어나서 고생하기도 합니다.

그래서 동료에게 첨삭을 부탁했습니다. 역시 원어민의 체크가 필요하더군요. 저는 지금도 관사에 대해 잘 모릅니다. 외국어로서 영어를 공부한 사람의 한계인 거죠. 어쩔 수 없다면 당당하게 체크를 부탁하면 된다고 저는 생각합니다.

::: 귀로 듣지 말고 온몸으로 들어라

저는 지금도 영어의 벽을 느낍니다. 매일같이 느낍니다.

지난 번, 다보스포럼에 참석하기 위해 스위스 제네바에 갔습니다. 거기에는 굉장한 사람들이 모이는데 블레어 전 영국 수상, 세디요 전 멕시코 대통령, 독일은행 총재 등 일국을 대표하는 사람들이 참석했습니다. 동양인은 저와 홍콩 사람 한 명 뿐이었습니다.

그런 자리에서 대화하는 것은 쉽지 않습니다. 그렇다고 아무런 주장도 하지 않으면 일본의 존재감을 나타낼 수 없게 됩니다. 예전에 장관 신분으로 다보스포럼에 참석했을 때도 일본의 입장을 짊어지고 있다는 생각에 상당한 책임감을 느꼈었습니다.

저는 학생들에게도 자주 이야기합니다. '학회나 국제회의에서는 가장 먼저 질문해야 한다. 왜냐 하면 논의의 흐름이 타인에 의해 만들어질 경우, 그 속을 비집고 들어가기는 어렵기 때문이다. 처음부터 자신이 만든 판에서 논의가 이루어지도록 유도하는 것이 하나의 지혜이다'라고 말입니다. 영어 원어민끼리 이야기하고 있을 때도 도망치고 싶은 마음을 억누르고 '다가가라'고 합니다. 가까이 다가가서는 '온몸으로 들어라' 귀로 듣는 것이 아니라 '온몸으로 듣는 것이다!' 라고 가르칩니다.

그리고 또 한 가지, 스피크 아웃(기탄없이 말하는 것)이 중요합니다. 일본인들이 생각하는 좋은 대화법이란 재치있는 짧은 한 마디, 다시 말해 '점'을 가볍게 제시한 후에 상대방이 분위기를 느끼도록 유도하는 방법이지만 영어는 다릅니다. 스피크 아웃해서 두 번, 세 번, 몇 번을 정정하더라도 철저하게 '선'을 그려가며 충분히 설명하는, 그런 다소의 당당함이 중요합니다. 이런 류의 당당함이 부족한 것이 일본인의 약점이기도 하죠.

일본인이 세계화 시대를 살아가기 위해서는 어떻게 해야 할까요. 우리 앞에 영어의 벽이 있는 것은 어쩔 수 없습니다. 하지만 '도전 정신'을 가지는 수밖에 없다고 생각합니다. 듣고 모르는 내용이 있으면 주눅들지 말고 몇 번이고 되묻는 거죠. 거침없이 스피크 아웃하는 겁니다. 그런 일들을 포기하지 않고 계속해 나가야 합니다. 그래서 저는 종종 학생들에게 '거침없이 도전하라'는 말을 합니다.

Shuji Nakamura

나는 지금도
미국인들의 대화에
끼지 않는다

전자공학자

나카무라 슈지 中村修二

1954년 아이치현 출생. 도쿠시마대학 공학부 전자공학과 졸업 후, 같은 대학 대학원에서 석사학위를 취득. 1979년 도쿠시마현 안난시 소재의 니치아화학공업에 입사하여 개발과에서 반도체 연구개발을 시작. 1993년 12월, 20세기에는 불가능하다던 고휘도 청색 LED를 세계 최초로 상용화하는 데에 성공. 1999년 니치아화학공업을 퇴사하여 2000년부터 미국 캘리포니아대학교 산타바버라캠퍼스 공학부 교수로 재직 중. 청색 발광다이오드 발명에 관한 대가 지불을 요구하며 니치아화학공업에 대해 소송을 제기했던 재판에서 2005년 도쿄고등법원 항소심 판결을 통해 회사 측과 약 8억 2000만 엔에 합의. 2006년에는 노벨상에 가장 가깝다고 일컬어지는 '밀레니엄상'을 수상.

1993년, 전세계 기업과 연구자그룹이 열띤 개발 경쟁을 벌이던 청색 발광다이오드(LED)를 도쿠시마 지역의 일개 회사원이던 나카무라 슈지 씨가 오로지 혼자 힘으로 개발했을 때에 전세계가 크게 들썩였다. 이 개발로 인해 나카무라 씨는 사회적으로 크게 인정받으며 회사원으로서의 미래도 보장받게 되었다.

그러던 어느날, 캘리포니아대학교에서 교수직을 제안받은 나카무라 씨는 좋아하는 연구에 자유롭게 매진할 수 있는 환경을 찾아, 고향에 대한 애착심을 가슴한 켠에 묻어 두고 미국행을 결심하게 된다. 도쿠시마의 일개 회사원이 46세의 나이에 캘리포니아대학교 교수로 가게 된 것이다.

얼마나 높은 영어의 벽이 나카무라 씨를 기다리고 있었을까? '노벨상을 눈 앞에 둔 남자'라고 일컬어지는 연구자의 일생을 영어와의 관계라는 측면에서 더듬어 보았다. 그리고 2014년 그는 노벨상을 수상하게 된다.

::: 암기를 강요하는 영어가 무척 싫었다

에히메현의 한 고등학교를 졸업한 저는 도쿠시마대학 대학원 석사 과정에 진학했고, 수료 후에는 도쿠시마 지역 회사인 니치아화학공업에 취직했습니다.

시코쿠 지방 이외의 세상은 모른 채 약 10년 동안 회사에 소속된 연구원으로서 반도체 연구개발에 매진했습니다. 그러니까 35세에 미국유학을 떠날 때까지 영어와는 아무 상관없이 살았던 겁니다.

저는 학창시절부터 암기를 강요하는 과목들은 모조리 싫어했기 때문에 영어도 무척 싫어했습니다. 수학이나 물리학

원서를 영어로 보는 건 나름 즐거웠지만, 끝까지 읽어 본 적도 없고 시골에서 자란 탓에 영어회화와도 아예 거리가 멀었습니다.

유학을 결심하게 된 동기는 단순합니다. 과학을 하는 사람이라면 역시 한 번쯤은 해외에 나가봐야 하지 않나 하는 마음이 있었기 때문이었습니다.

당시 근무하던 니치아화학공업에는 '청색 발광다이오드 장치에 관해 배워보고 싶다'고 했지만, 사실 절반은 거짓말이었죠(웃음).

해외에 나가는 건 처음이어서 무척 불안했습니다.

뭐가 불안했는가 하면, 우선은 비행기가 떨어지지 않을까 하는 점이었습니다(웃음). 비행기가 추락할까 겁이 나서 35세가 될 때까지는 타본 적이 없었습니다. 도쿄 출장을 갈 때도 무조건 기차를 이용했죠.

영어에 대해서는 '일단 가면 어떻게든 되겠지'라는 식의 될 대로 돼라 정신으로 임했습니다. 회사 지원을 받아서 도쿠시마에 있는 유명한 영어회화학원에 다녔지만 소용 없더군요. 미국에 도착해서도 경유지인 애틀랜타공항 안내방송 조차 전혀 들리지 않는 겁니다. 탑승시간이 지나도 아무 말이 없어 이상한 기분에 게이트에 갔더니 '비행기 문 이미 닫혔습니다!' 하더군요(웃음).

그 정도로 부족한 영어 실력이었습니다.

::: 엔지니어로 취급한 녀석들에게 갚아주겠다

미국에 건너간 저는 플로리다대학교에서 1년 간 유학생활을 했습니다.

유학시절엔 참 힘들었습니다. 과학의 세계에서 박사학위가 없는 사람은 과학자가 아니라 엔지니어(기술자)입니다. 다시 말해, 과학자를 '보조하는 사람'인 것이죠. 당시 저는 석사학위 밖에 없었기 때문에 다른 연구원들이 엔지니어 취급하더군요. 과학자와 엔지니어는 하는 일 자체가 전혀 다릅니다. 연봉도 배 이상 차이 납니다. 항상 박사 과정 학생들과 교수들끼리만 모이고 뒤에서 일하는 저 같은 사람은 회의에 불러 주지도 않아서 어디에도 끼질 못하고 늘 혼자서 묵묵히 연구만 할 따름이었습니다. 어쩔 수가 없었습니다. 그런 세계였으니까요.

게다가 당시 연구 성과를 논문으로 쓰려고 했더니 제게는 영어 능력이 없다고 판단한 지도교수가 '본인이 써 주겠다'며 대신 써 주었습니다. 그러니까 제가 쓴 게 아니죠.

유학을 통해 얻은 건 억울한 마음입니다. '반드시 박사학위를 따겠다. 박사학위를 따서 플로리다 학생들에게 갚아주자. 나를 바보 취급한 녀석들에게 되돌려주자'고 생각했습니다. 되돌려준다기 보다는 어깨를 나란히 하는 과학자가 되겠다는 것이었습니다. 그것이 연구의 원동력이 되었죠.

당시 박사학위 취득을 위해서는 영어 논문을 네댓 편은 써야 했기 때문에 일본에 돌아가면 반드시 영어 논문을 써서 박사학위를 취득하겠다고 굳게 결심했습니다.

::: '영어가 형편없다'는 이유로 탈락한 영어 논문

귀국 후에 그런 억울한 마음을 원동력 삼아 맹렬히 영어 논문을 쓰기 시작했습니다. 직장이던 니치아화학공업에서는 사원들의 논문집필 활동이 금지되어 있었기 때문에 몰래 썼죠. 제가 처음 자력으로 쓴 영어 논문은 청색 발광다이오드 개발을 가능케 한 투 플로 MOCVD 장치에 관한 논문입니다.

실험을 하면 복수의 데이터가 나옵니다. 이 데이터들에는 아무런 연관성도 없는 것처럼 보입니다. 제 각각인 데이터를 연결해서 어떻게 하나의 스토리를 만들 것인가, 과학 논문의 성패는 여기에 달려 있습니다. 영리한 사람은 말이죠, 어떤 데이터가 나오든 커브 선을 그리듯이 무리 없이 스토리를 만들어 냅니다. 사실, 그건 제 특기이기도 합니다.

회사에서는 대놓고 논문을 쓸 수 없었기 때문에 평일 5일 동안은 데이터를 수집하고 데이터를 통해 스토리를 구상한 후에 주말에 몰아서 썼습니다. 한 번 쓰기 시작하면 빠르면 대여섯 시간 만에 다 써버립니다. 머리 속에서 따끈따끈할 때 스토리를 한 번에 토해 내야 하기 때문에 초고 논문의 영어 수준은 형편없었습니다. 과학 논문에서는 영어 기술력보다는 스토리를 이어나가는 방식이 중요하다고 저는 생각합니다. 하지만 처음 쓴 세 편의 영어 논문은 투고하자마자 가차 없이 탈락했습니다. 이유를 알아보니 '영어가 형편없으니 영어를 수정하라'는 겁니다(웃음).

::: 영어를 배우려면 인센티브(동기)가 중요

앞서서 제가 '학창시절부터 암기를 강요하는 과목들은 모조리 싫어했다'고 했는데 거기에는 이유가 있습니다.

초등학교 시절, 친척 아저씨가 서너 명의 이웃 아이들에게 영어를 가르치는 작은 공부방을 했었습니다. 저는 어머니의 강요로 어쩔 수 없이 일주일에 한 번 거기에 나갔습니다.

NHK 기초영어 같은 교재를 가지고 'This is a pen'같은 영어 문장을 무턱대고 외우게 합니다. 그리고 외워오지 않은 날은 사정없이 맞습니다(웃음). 그래서 다들 필사적으로 외웠죠. 제가 영어를 싫어하게 된 건 그 경험 때문인지도 모릅니다. 그래도 그때 받은 훈련 덕분인지 중학교, 고등학교 시절 영어 성적은 그럭저럭 괜찮은 편이었습니다.

그래도 결국 암기 과목이 좋아지지는 않더군요. 저는 도쿠시마대학에 입학하자마자 곧바로 휴학했는데 그 이유는 영어는 물론이고 독일어나 심리학, 고전 등 암기식으로 외워야 하는 수업이 지긋지긋했기 때문이었습니다.

대학에 가지 않고 6개월 정도 하숙집에 틀어박혀 좋아하는 물리나 수학 서적을 읽으며 지냈습니다. 그런데 당시 일본어로 쓰인 과학 분야 책은 제대로 된 것이 별로 없었습니다. 그도 그럴 것이 아인슈타인의 상대성이론 같은 건 전세계적으로 이해할 수 있는 사람이 몇 명 되지 않던 시절이었기 때문에, 당연히 일본어로 제대로 해설된 책은 드물었습니다. 따라서 체계적인 지식을 얻기 위해서는 원서를 볼 수밖에 없었던 겁니다.

제가 영어를 배울 필요성을 느낀 건 그때가 처음이었습니다. 그 경험으로 인해 저는 영어를 배우려면 영어 공부를 통해 얻어지는 인센티브가 확실해야 한다고 생각하게 되었습니다. 예를 들어 '영어를 잘하면 큰 부자가 될 수 있다'는 동기를 납득한 사람이 있다면 그는 우수한 영어 교사가 될 수 있겠죠. 학생들은 필사적으로 공부할 겁니다(웃음).

또한 해외여행을 갔을 때 '영어를 잘했다면 더 즐거웠을 텐데'라고 생각해서 일본에 돌아온 후 공부를 시작하는 사람이 있는데 그것도 매우 좋은 케이스라고 생각합니다. 가장 좋은 것은 중학교나 고등학교정도의 시기에 적어도 1개월 이상 해외에서 장기 홈스테이를 하는 등의 경험을 함으로써 영어와 친숙해지는 것일 겁니다.

::: 영어로 진행한 기절 직전의 첫 강의

세계 최초로 청색 발광다이오드 개발에 성공한 이듬해, 저는 40세의 나이로 염원하던 박사학위를 취득했습니다. 회사에서도 더 높은 직책에 올랐죠. 하지만 직접 현장에 가지 않고 부하에게 감독, 지시만 해도 연구가 진행되는 것을 보면서 뭔가 부족함을 느끼기 시작했습니다.

그때 마침, 캘리포니아대학교에서 교수직 제의가 들어왔습니다. 미지의 대륙에서 대학 강의라는 완전히 새로운 일을 할 수 있을까 고민되었지만 결국 미국행을 결단하게 되었습니다.

캘리포니아에 가기 전날 밤, 가장 우려되는 게 영어로 강의를 해야 한다는 점이더군요. 긴장해서 기절할 것 같았습니다.

저는 20년 동안 회사원이었으니 학생을 상대로 강의해 본적도 없을뿐 아니라 박사 과정을 경험한 적도 없는 논문박사입니다. 일본 국내에서 하는 강의라 해도 긴장할 텐데 하물며 미국에서, 그것도 박사 과정을 상대로, 게다가 영어로 말입니다.

첫 강의를 생각하면… 엉망진창이었죠, 아마(웃음). 정성들여 준비는 했지만 별로 의미가 없더군요(웃음). 부족한 영어 실력 때문에 잔뜩 주눅이 들어 있었습니다.

그때는 영어를 잘하기 위해서라면 무엇이든지 하고 싶었습니다. 대학 내에 있는 영어회화강좌에 나가볼까 생각도 했죠. 그런데 시간이 없었다는 건 변명이 되지 않겠지만 영어보다는 연구가 중요했고, 연구나 강의 준비를 병행하면서 다니는 것은 무리라고 판단했습니다. 게다가 교수로 부임했을 때 이미 46세, 솔직히 그 나이에 어학을 시작한다는 게 쉬운 일은 아니잖습니까.

::: 영어사회에서 '히키코모리'가 되는 일본인

이제 저는 영어에 대해서는 뜻을 접었습니다. 물론 원어민으로 태어나지 않은 게 원망스러울 때도 있습니다. 원래 말을 잘 못하는 편이고 극단적으로 표현하면 사회와 융화되지 못하는 '히키코모리'이기도 합니다. 실제로 이곳 생활에 익숙해지기까지 가족 모두 노이로제 증상을 겪었던 시기도 있었습니다. 저는 지금도 미국인들끼리 빠른 속도로 대화를 하고 있으면 끼어들지 않습니다. 그들이 본격적으로 말을 쏟아내기 시작하면 솔직히 무섭거든요.

영어에 대한 자신감이 없기 때문에 일본인이 영어사회에서 히키코모리가 되는 일은 흔합니다.

그런데 제 경우에는 제 지시를 기다리는 학생들이 있습니다. 이렇게 억지로라도 대화를 할 수밖에 없는 상황에 놓여 있다는 것은 어떤 의미에서는 다행스러운 일입니다. 그것마저 없다면 저도 되도록 주변과 어울리지 않고 살아야겠다고 결심했을지도 모르죠.

또한 제가 아는 한 연구실에서 미국인 학생들과 일본인 학생들이 대립했던 예도 있습니다. 미국인 학생들은 수집한 데이터를 가지고 토론을 하고 싶어 하는데, 일본인 학생들이 영어에 자신이 없었던 나머지 뒤로 내뺐던 겁니다. 미국인들은 그런 태도를 보고 '저 녀석들이 데이터를 숨기고 보여주려 하지 않는다'고 생각하게 된 거죠. 그로 인해 서로의 마음이 전해지지 않고 충돌이 일어나게 된 겁니다. 그야말로 영어의 벽인 셈이죠.

저도 경험이 있으니 히키코모리가 되는 마음도 이해합니다. 영어사회를 살아가는 사람들의 심리적인 압박은 정신분열을 일으켜도 이상하지 않을 겁니다. 하지만 한편으로 이렇게 부족한 영어실력으로는 세계를 무대로 과학을 펼칠 수 없다고 봅니다.

::: '영어의 벽'이 없었다면 일본의 휴대전화가
   세계 표준이 되었을 것이다

현재 이공계의 세계 공통어는 영어입니다. 일본어는 필요 없습니다. 영어가 아니고는 대화가 되지 않으니까요. 그런데 영어 실력만 보면 일본은 몹시 뒤쳐져 있고 영어 실력이 없어서 겪게 되는 손해도 실제로 많습니다.

일본 회사들은 제품이 완성되면 우선 일본시장을 대상으로 생각하고, 일본에서 성공한 후에 다음 단계로 세계진출을 고려합니다. 그런데 미국 회사들은 처음부터 세계시장을 타깃으로 합니다.

휴대전화가 좋은 예일 겁니다. 일본 휴대전화 업체들은 오로지 일본시장을 대상으로 하고 일본인을 위한 휴대전화를 만들고 있습니다. 그러니 일본에서 밖에 팔리지 않죠. 그런데 핀란드의 노키아나 미국의 모토로라, ATT 같은 회사들은 모두 처음부터 전 세계를 상대로 하면서 세계 표준으로 생산합니다. 어느 쪽의 매출 규모가 클지는 생각할 것도 없습니다. 일본의 휴대전화 개발 기술자는 영어를 못하기 때문에 세계 표준 같은 건 애당초 생각하지도 못합니다. 그런 영어의 벽이 없었다면 일본 휴대전화는 지금쯤 세계 표준이 되었을 겁니다. 일본의 기술력은 대단하니까요.

일본의 향후 발전을 생각한다면 젊은이들의 영어 실력을 키워서 미래의 국제 경쟁력을 다지는 것이 필수입니다. 저는 영어를 못해서 주눅드는 마음을 잘 알기에 일본 이공계 학생들이 젊은 시절부터 영어와 친숙해졌으면 하는 바램을 가지고 있습니다. 중학교, 고등학교에서 이과를 선택한 학생들의 모든 수업을 영어로 진행하고, 수업 중에 일본어를 사용하면 영어 숙제를 내는 정도의 극단적인 처방을 내려야 하지 않을까 싶습니다.

::: 영어 실력 같은 건 '될 대로 되라'

캘리포니아대학에 온지 벌써 7년이 되었네요. 스스로 어느 정도의 선에서 타협을 하면서 영어와 마주하고 있습니다. 영어라든지 그 외의 것보다 지금 생각해야 할 것은 '강의의 질'이라는 테마입니다.

미국에는 학생들이 강의에 대해 역 채점하는 시스템이 있어서 그것으로 교수에 대한 평가가 정해집니다. 학생들이 전원 시험에서 100점 만점을 받으면 만족도가 높아지고 강의에 대한 평가도 다소 너그러워지겠지만, 만점을 주기 위해서는 쉽게 하기 위해 질적으로 낮은 강의를 할 수밖에 없게 됩니다. 강의의 질이 떨어져도 교수에 대한 학생들의 평가는 좋지 않습니다. 반면에 전원이 낙제점을 받을 정도의 어려운 강의라면 교수에 대한 평가도 혹독해지니 최악의 경우죠. 다시 말해 강의의 질을 떨어뜨려는 안되고, 그렇다고 어렵게 강의를 해서도 안 되는 겁니다. 가장 좋은 건 '어려운 내용을 알기 쉽게 설명하는 것을 기본으로 하는' 강의를 하는 겁니다.

직접 만든 교재를 나눠 준다든지 이런저런 아이디어를 짜

내고 있습니다만 어떻게 강의하면 학생들이 좋아할지, 알찬 강의를 위해서는 어떻게 해야 할지 고민됩니다.

학생들에 의한 채점항목이 100개 정도 되는데 그 중에는 '영어 수준'에 대한 항목도 있습니다. 평가 결과요? 무서워서 안 보려고 합니다(웃음)! 영어에 대한 평가는 포기했습니다.

부임 초기에는 영어를 어떻게 잘 말하는가가 중요했지만 지금의 고민은 보다 높은 차원으로 이행되었습니다. 영어를 잘하고 못하고는 별로 중요하지 않으니 '될 대로 되라'라기 보다는 '보다 좋은 강의를 하고 싶다. 또는 결실 있는 연구를 하고 싶다'라는 마음입니다. 그런 마음으로 바뀐 건, 영어를 자유롭게 하지 못하는 속상함을 원동력 삼아 여기까지 아등바등 살아온 온 경험 덕분이겠죠.

Chizuko Ueno

나는 영어권에서
논쟁하는 것을
단념했다

사회학자

우에노 치즈코 上野千鶴子

1948년 후쿠시마현 출생. 교토대학 대학원 사회학박사 과정 수료. 교토 세이카대학 부교수. 본대학교, 콜롬비아대학교, 멕시코대학교 객원교수 등을 거쳐 1995년부터 도쿄대학 대학원 인문사회계 연구과 교수. 여성학 및 젠더 연구의 선구자로서 《섹시 걸 대연구(セクシ·ギャルの大研究, 光文社)》, 《발정장치(発情装置, 筑摩書房)》 등의 저서로 주목받았고, 1994년에는 《근대 가족의 성립과 종언(近代家族の成立と終焉, 岩波書店)》으로 산토리학예상을 수상. 근래에는 고령자 개호 문제를 테마로 연구활동을 펼치고 있으며, 저서로는 2007년에 출판된 《혼자만의 노후(おひとりさまの老後, 法研)》가 베스트셀러를 기록.

일본 사회학의 여명기부터 제일선에서 연구활동을 펼치며, 특히 여성학 분야에서는 타의 추종을 불허하는 논객으로 알려진 우에노 치즈코 씨.

1980년대의 아그네스 논쟁에서 젠더 프리 논쟁에 이르기까지 우에노 씨는 이러한 논쟁의 중심에 섰던 연구자로, 한 탤런트가 그녀의 논쟁술을 사사한 일로도 화제가 되었다(《도쿄대학에서 우에노 치즈코에게 싸움을 배우다(東大で上野千鶴子にケンカを学ぶ, 筑摩書房)》).

최근에는 개호 문제에 관한 연구를 하고 있으며, 그녀가 생각하는 노화와 자립, 케어워크, 가족 등에 대해 알기 쉽게 풀어낸《혼자만의 노후》가 베스트셀러를 기록하기도 했다.

30대 초반, 미국에서 2년 동안 유학생활을 한 경험이 있다.

'일본어로 싸우면 절대 지지 않는다'고 자부하는 논쟁의 명수도, 무기인 일본어를 걷어낸 미국에서는 '철수할 수밖에 없었다'고 회고한다. 일본인 연구자가 세계화된 학술계에서 가치 있는 존재가 되기 위해서는 어떻게 해야 할지 우에노 씨의 이야기를 들어보았다.

::: 슈퍼마켓 점원 때문에 울었다

저는 영어 읽기, 쓰기는 그럭저럭 하는 편이었습니다. 대학원생 시절에는 같은 전문 분야 사람들에게 의뢰를 받아서 일본어 논문을 영어로 번역하는 아르바이트를 할 정도로 자신이 있었죠. 그런데 말하고 듣는 건 전혀 못했어요. 제 영어는 오로지 학교교육, 오로지 수험영어, 오로지 읽기와 쓰기에 국한 돼 있었거든요. 지극히 평범한 시골 공립학교를 졸업했으니 외국인을 만날 기회도 없었고 진정한 의미의 영어체험이라면 비틀즈 음반을 듣는 정도였을 겁니다.

처음 해외에 나간 게 33세 때였는데 사회과학자를 위한 유학프로그램에 선발되서 미국에 2년 간 다녀오게 되었습니다.

제 학창시절은 1달러가 360원 하던 시절이었으니 해외여행 같은 건 꿈 같은 이야기였고, 당시 환율로는 항공권도 편도 티켓 밖에 살 여유가 없어서 자칫하면 일본에 돌아오지 못할지도 모르던 시절이었죠. 그 당시 외국에 나가려면 필사의 각오가 필요했습니다. 인적 자원의 이동이라는 측면에서는 세계화가 아직 지금처럼 진전되지 않았었습니다.

영어로 고생한 경험이요? 네, 수도 없이 많죠. 일상적인 회화가 되지 않았으니까요. 나름 최선을 다해 어떤 말을 해도, 예를 들어 슈퍼마켓 계산대 직원의 태도라든지, 돌아오는 반응은 너무나 쌀쌀 맞았습니다. 특히 상대방이 소수민족일수록 노골적으로 차별하곤 했죠.

'Pardon, me? (네? 뭐라고요?)'

'Say it again. (한 번 더 말해 주세요)'

'I cannot hear you. (알아들을 수가 없네요)'

이런 말을 하루에 한 번은 꼭 들었답니다. 하루에 한 번 정도라면 그래도 참을 만했지만 세 번정도 듣는 날에는 정신 적으로도 타격이 크더군요. 매일매일 힘든 경험을 했습니다. 저, 정말 울었다니까요.

유학 당시 저는 학생이 아니라 이미 어른이었습니다. 대학 교원이자 연구자였죠. 학자들의 세계에서는 드러나게 상대 방을 무시하지 않으니까, 아무도 제 영어의 결점을 드러내놓 고 지적하거나 영어 표현을 고쳐주거나 충고하는 일이 없습 니다. 그렇기 때문에 본인이 자각해서 노력하지 않는 한 실력 이 향상될 가능성은 없는 거죠. 그리고 학자들은 외국인의 영어에 익숙할 뿐 아니라, 인내심을 가지고 경청하면서 영어 를 이해하려고 노력합니다. 아카데믹 커뮤니티(학술계) 안에 서 지내는 것이, 전문용어를 포함하여 한정된 어휘만을 가 지고 대화하기 때문에 한결 편하다고 할 수 있죠. 하지만 일 단 바깥 세상으로 한 발 벗어나면 아무도 그런 대접을 해주 지 않습니다.

::: 영어를 잘하려면 자신을 속속들이 드러낼 수밖에 없다

영어를 잘 하려면 각오를 단단히 하고 자신을 속속들이 드러내는 수밖에 없어요. 그것 외에는 방법이 없습니다. 주위를 보더라도 여학생들이 비교적 빨리 실력이 늘잖아요? 남성보다 여성이 대체적으로 대담하면서 자신을 더 잘 표현하고 혼자서 행동하면서 남자친구도 잘 만듭니다.

저도 자신을 오픈하는 성격이고 자신을 속속들이 드러내는 것에 대한 위화감이 없는 편이어서 '어떻게 하면 치즈코처럼 자신을 오픈할 수 있을까'라는 말을 미국인들에게 자주 들었습니다.

듣고 알게 된 것이 있으면 그 다음에는 아기처럼 따라 하곤 했어요. 상대방이 하는 말을 그대로 흉내 내서 말하는 거죠. 외국어를 잘하는 방법은 그것뿐입니다.

영어 카세트테이프를 반복해서 듣는다든지 라디오 방송으로 영어 공부를 하는 것 같은 일은 일체 하지 않았습니다. 저는 목적도 의미도 없이 뭔가를 하는 걸 무척 싫어해서 일본에 있는 동안 필요하지도 않은데 그런 노력을 한 적은 전혀 없었어요. 아무튼 현장에서 물 안에 갑자기 던져져서는 어푸 어푸 발버둥치며 필사적으로 헤엄쳤을 뿐입니다.

그리고 영어에 푹 빠진 생활을 하다 보면 하루에 한 가지 이상은 '아, 영어로는 이렇게 말하는구나!'하는 영어 표현을 얻게 되는데 의식적으로 노력한 것은 그런 표현을 곧바로 실생활에서 써 보는 것이었어요. 평상시에 그러한 의식이 있는 사람과 그렇지 않은 사람 사이에는 언젠가 엄청난 실력 차이가 생길 거라고 생각합니다.

지금도 잊을 수 없는 것은 일본에 있을 당시 운전면허가 없었기 때문에 미국에서 우여곡절 끝에 면허를 취득했던 때의 일이예요. 저를 가르쳤던 강사 아저씨가 운전 테스트 후에 'You got it'이라고 하더군요. 거짓말을 하는 건가 싶어서 깜짝 놀랐죠. 영어로 일상회화를 할 때, get, make, have, 이 세 단어만 있으면 대부분의 말을 할 수 있다는 걸 알았습니다. 원어민들은 아무런 의식 없이 하는 말이겠지만 제게는 눈이 확 트이는 경험이었습니다. 그런 건 학교 교과서에는 실려 있지도 않고 아무도 가르쳐 주지 않았으니까요.

::: 회화는 메시지와 마사지로 이루어진다

이렇게 유학 1년 동안은 영어로 인해 울었지만 1년이 끝나갈 무렵, 크게 깨닫는 경험을 하게 되었습니다. 친구와 전화로 이런저런 별로 중요하지 않은 이야기를 영어로 주절주절 하고 있었는데 몇 시간을 말해도 피곤하지 않다는걸 깨달은 거예요.

도쿄대학 총장이었던 공학자 요시카와 히로유키 씨가 매우 적절한 표현을 했었죠. 정보에는 '메시지'와 '마사지'의 두 종류가 있다고요. 메시지는 '전달을 위한 의미가 있는 정보'이고, 마사지는 전신의 뭉친 데를 풀어주는 마사지 처럼 '의미는 없지만 그 커뮤니케이션 자체가 목적인 정보'를 말합니다.

메시지를 전달하는 것만이 언어 능력은 아닌 거죠. 인간이 하는 대화의 8할 정도가 마사지인데, 의미는 없지만 서로 뭉친 데를 풀어 주는 일상적인 대화들입니다. 인간이 메시지밖에 전달하지 않는다면 극단적인 경우, '밥, 목욕, 자자'로 대화가 끝나버리겠죠. 마사지를 빼고 메시지만을 전달하면 사람 대하는 것이 서툴다든지 딱딱한 사람이라고 여겨지기 쉽습니다.

주절주절 하는 가운데 커뮤니케이션이 이루어진다는 것은 마사지를 포함해서 기분 좋은 대화가 서로 간에 오가고 있다는 말입니다. 그것이 어떠한 긴장감도 없이 영어로 가능해지기까지 1년이 걸리더군요.

::: 미국 학생들의 대화 수준에 조바심을 느끼다

평소 가르침을 받고 싶었던 인류학자 메리 더글러스가 있는 미국의 노스웨스턴대학교 인문학부에서 유학했습니다.

처음 수업에 들어가보니 모두 지나치게 활동적인 나머지, 신나게 말을 이어가며 멈출 줄을 모르더군요. 처음에는 '와, 미국 학생들은 굉장하네. 다들 적극적이구나'라고 생각했어요. 그런데 몇 주가 지나서 겨우 귀가 뚫리면서 모두들 무슨 이야기를 하는지 들어보니 '너희들, 지금 수업 듣고 있는 거냐?'라고 생각될 만큼 상당히 수준 낮은 말들을 되풀이하고 있다는 것을 알게 되었어요.

저는 점점 화가 났습니다. 이렇게 수준 낮은 토론으로 수업이 이루어질 정도라면 미안하지만 저는 일본에 있는 편이 더 수준 높은 청중을 대할 수 있었을 것이니 말입니다.

연구자는 커뮤니케이션과 피드백이 없으면 자신의 아이디어를 갈고 닦을 수 없어요. 특히 저 같은 사회학자의 무기는 언어 하나인데, 설령 아무리 영어의 달인들이라 해도 수준이 낮은 청중과 대화하는 건 시간 낭비라고밖에 생각되지 않더군요.

그래서 저는 학교 측과 협상 끝에 노스웨스턴대학교에서 시카고대학교로 소속 대학을 바꾸게 되었습니다.

::: 영어의 벽을 앞에 두고 전선에서 물러나기로 결단

시카고대학교에는 미국 전역에서 유명·무명의 연구자를 초빙해서 강연을 듣는 '먼데이 콜로키엄'이라는 공개 강연회가 있었습니다. 강연회라고는 하지만 대학의 빈 교수직을 채우는 교원 채용 시험의 역할도 하고 있었죠. 초청하는 대학 측도 초청 받은 강사도 그 자리가 일종의 테스트라는 것을 알기에 사뭇 진지합니다.

스피치가 끝나면 토론이 이어지고 그 후에 치열한 질문 시간이 있습니다. 젊은 연구자들이나 대학원생들이 선배 격인 연사를 당혹하게 만드는 심술궂은 질문들을 하죠. 어떻게 하면 상대의 허를 찌를 것인가 호시탐탐 노리면서 말이예요.

아카데믹 커뮤니티를 '아곤(투기장)'으로 표현한 사람도 있는데 최고 수준의 연구자 집단은 매우 과격한 경쟁 사회입니다. 올림픽과 마찬가지로 근소한 차이로 2위 이하가 버티고 있어서 언제라도 순위가 뒤집힐 수 있죠. 모두가 선행 연구자를 비판하는 것을 숙명으로 삼고 있으니 최고 수준의 연구자라 해도 지금 위치가 언제 뒤집힐지 알 수 없습니다.

연구자들 간의 물러섬 없는 설전이 펼쳐지는 가운데 일류 연구자는 정면으로 받아서 논리적으로 답변하는 경우도 있지만 페인트를 쓰거나 역습을 하거나 일부러 대답하지 않는 등 많은 교묘한 표현들을 사용하여 대응합니다. 일류일수록 그러한 기술이 뛰어나다는 것을, 가까이에서 들으면서 알게 되었죠.

먼데이 콜로키엄에서의 치열한 논쟁을 가까이에서 지켜보면서 저는 절실히 깨달았습니다. 이건 영어로는 도저히 상대가 되지 않는다는 것을 말입니다.

일류 학자들과 한 자리에서 대화를 하다 보면 딜리버리(전달하는) 능력의 차이가 여실히 드러납니다. 수학처럼 보편언어가 존재하는 학문에서는 상황이 달라질지도 모르지만, 사회과학이나 인문과학에서는 아이디어가 뛰어나다든지 컨셉트가 좋은 것만으로는 부족해요. 일류인지 아닌지의 차이는 주로 언어적인 퍼포먼스에 따른 딜리버리 능력의 차이에서 생기거든요. 아이디어를 전달할 때는 논리와 함께 오럴 프리젠테이션(구술을 통한 전달) 능력이 필수적입니다. 그 기술은 정면 돌파뿐만이 아니라 페인트, 역습, 모른 척 하기, 파고

들기, 눈속임, 발뺌 같은 것들의 집합이라고 할 수 있습니다.

미국 유학 시절 동안 일류 연구자들을 가까이에서 지켜보면서 저는 철저히 깨달았습니다. 나는 영어로 그런 기술을 가질 수 없다는 것을 말입니다. 가질 수 없다는 것을 통감했기에 포기할 수밖에 없었죠. 결국, 저는 영어권에서 논쟁하는 것을 단념했습니다. 제 자신이 프리젠테이션 단상에 섰을 때는 외국인이기에 다소 관대하게 봐 주기도 했겠지만 심술궂은 질문을 받는 일도 있었어요. 그럴 때에 일본어라면 '여기에서는 일부러 논점에서 벗어나자'라든지 '상대방의 아킬레스건을 찌르자'라든지 얼마든지 교묘한 대응이 가능했겠죠. 하지만 모국어가 아닌 언어로는 생각처럼 쉽지 않았습니다.

저는 일본어에 관한 한 스스로의 언어 능력에 높은 자신감을 가지고 있으니 '일본어로라면 절대 지지 않을 텐데'라는 생각에 속상하기도 했고, 영어 원어민으로 태어났다는 이유만으로 압도적으로 유리한 입장에 서 있는 그들이 부럽기도 했습니다. 모국어로 승부를 겨루는 것이 얼마나 유리한 일인지를 절감했죠. 그렇기에 모국어가 아닌 언어권에서 경쟁하는 연구자들에게는 큰 존경심을 느낍니다.

::: 영어로 발언하지 않는 것은
   '존재하지 않는 것'과 마찬가지다

현재의 아카데믹 마켓에서의 세계화는 다른 말로 영어화를 뜻합니다. 이 변화는 마치 지면 이동이나 지각 변동과 같은 것으로 단기간에 극적으로 일어나기 때문에 누구도 컨트롤할 수 없을 뿐 아니라 저항할 수도 없습니다.

제가 미국 유학을 떠난 1980년대는 지금과는 상황이 전혀 달랐어요. 일본 사회과학의 아카데믹 마켓은 국내 시장에서 자족하고 있었고, 역으로 보면 폐쇄성도 높았습니다. 일본의 사회과학은 오랫동안 '수입 학문'이어서 '횡적인 것을 종적인 것으로 만드는 대리점 비즈니스'로 불렸습니다. 막스 베버나 탈코트 파슨스 같은 '큰 회사'와 '대리점 계약'을 맺고 베버리언 내지 파스니언 등으로 불리는 사람들이 외국어 문헌을 읽고 해석한 후에 '전문가입니다'라는 얼굴을 하고 있으면 그것만으로 먹고 살 수 있었죠. 하지만 서양을 추종하기 위해 애쓰는 시대는 이미 끝났습니다.

현재 제 연구 테마는 개호(介護)입니다. 일본의 개호보험

제도는 사실 지금 전 세계가 주목하는 연구 대상이죠. 독일이 모델이라고들 하지만 일본은 독일과도 다른, 세계 어디에도 없는 유형의 제도를 만들었고, 2000년부터 적용하기 시작하여 9년이라는 시간이 흘렀습니다. 이 9년 간의 경험은 세계 어디와도 비교할 수 없는 유니크한 정보의 축적을 가능하게 했습니다.

가령 얼마 전까지만 해도 영국의 사회 보장 정책이나 미국의 개호 노동자 문제 등을 연구하는 것만으로도 학문으로서 의미가 있었지만, 오늘날은 일본의 독자적인 상황을 세계에 알리는 데에 비로소 글로벌한 의미가 있습니다.

일본에도 일본만이 가진 경험 가운데에서 탄생한 특유의 연구 성과가 나타나고 있습니다. 그러나 안타깝게도 영어로 정보를 전달하는 능력이 연구자들에게 없습니다. 영어로 전하지 않으면 누구도 들어주지 않습니다. 아무리 업적이 뛰어나도 글로벌 사회에서는 'Non-existent(존재하지 않는 것)' 과 마찬가지인 거죠.

::: '2중 언어를 구사하는 것'은 생존 전략이다

저는 교단에서 학생들에게 '2중 언어를 구사하라'고 가르칩니다.

저는 영어권에서 논쟁하는 것을 단념했지만 영어를 완전히 버린 것은 아닙니다. 2중 언어를 구사하는 것은 앞으로 활동할 연구자들에게는 필수적인 생존 전략입니다.

제 저서인 《말은 전달되는가(言葉は届くか, 岩波書店)》에서도 언급했지만, 지금까지 2중 언어를 구사하는 것과 관련해서 저는 '여성학', '페미니즘'이라는 이름 하에 해 온 일들을 돌이켜 보았습니다. 저는 같은 세대 중에서 대학 교육을 받은 얼마 안 되는 여성 중 한 명입니다. 학문의 세계는 온전히 남성 중심의 세계이기에 남성만을 인간 취급하는, 남자의, 남자에 의한, 남자를 위한 지식을 배웠죠. 하지만 저는 그런 남성 중심의 지식에 세뇌되는 대신에 제가 배운 남성 언어를 남성이 구축한 학문을 비판하는 데에 사용했어요. 비판이 비판으로서 성립되기 위해서는 비판을 받는 대상이 알아들을 수 있는 언어여야 해요. 그들에게 전달되지 않는 언어

로 무언가를 말해 봤자 그건 단순한 소음이자 아우성, 신경질적인 울음에 지나지 않기 때문이죠. 저는 스스로를 남성 언어와 여성 언어를 모두 구사하는 '2중 언어 구사자'라고 생각하면서 남성 언어를 따르는 듯하지만 상대의 언어를 환골탈태해서 허점을 꿰뚫고 쐐기를 박는 방법을 익혀 왔습니다.

영어의 경우도 마찬가지입니다. 일본인은 세계화된 아카데믹 커뮤니티에서 생존하기 위해서 그들이 요구하는 언어를 사용할 수밖에 없어요. 영어에 굴복하는듯 보이지만 역으로, 우리는 그 언어를 이용하여 반격해야 합니다. 일본만의 독특한 경험에 근거한 독창적인 연구 결과를 발표하고, 지금까지 그 누구도 알지 못했던 현실이나 세계를 구축해 나가야 하는 것이죠. 그것이야말로 우리가 엄청나게 방대한 시간과 노력과 비용을 들여가며 영어를 배우는 의미가 아닐까요.

지금, 저는 일본어와 영어라는 2중 언어를 구사함과 동시에 남성 언어와 여성 언어라는 2중 언어를 구사하면서 아카데믹 언어와 생활언어라는 2중 언어를구사합니다. 그리고 '페미니즘 업계의 언어'와 '아저씨 사회의 아저씨 언어'라는 2중 언어를 구사하기도 하고요. 또 하나 덧붙이자면, 표준어와 관서 지방 사투리라는 2중 언어도 구사하고 있네요(웃음).

2중 언어를 구사한다는 건 마이너리티(소수파)에게 강요되는 고통이 필요한 선택입니다. 하지만 패자의 언어 한 가지밖에 하지 못하는 사람들에 대한 일종의 우월감이 생기기도 합니다. '이쪽 세상은 모를 걸'이라는 기분은 2중 언어 구사자가 아니면 느낄 수 없는 우월감이겠죠. 한가지 언어만을 아는 사람들이 볼 수 없는 것을 보고, 두 세계의 '낙차'를 아는 2중 언어 구사자에게는 다른이에게는 없는 정보 생산 능력이 있는 겁니다. 그래서 저는 학생들에게 일본어와 영어는 물론, 다양한 의미의 2중 언어 구사자, 나아가 다중 언어 구사자가 되라고 말합니다.

Mariko Bando

재패니즈
잉글리시에도
품격이 필요하다

쇼와여자대학 학장

반도 마리코 坂東眞理子

1946년 후쿠시마현 출생. 도쿄대학 졸업. 1969년, 총리부에 입성, 내각홍보실 참사관, 남녀공동참획실장, 사이타마현 부지사 등을 거쳐 1998년, 주 호주 브리즈번 총영사로 취임. 2001년에는 내각부 초대 남녀공동참획국장으로 취임. 2003년에 퇴임하여 이듬해부터 쇼와여자대학 교수로서 교편을 잡으며 같은 대학의 여성문화연구소장을 역임. 2007년, 쇼와여자대학 학장으로 취임. 여성들의 삶의방식에 관한 저서를 다수 발표. 주요 저서로서《여성이 일을 계속할 때(女性が仕事を続ける時, 日本コンサルタント・グループ)》,《미국 커리어 우먼 사정(米国きゃりあうーまん事情, 東洋経済新聞社)》그리고 베스트셀러《여성의 품격(女性の品格, PHP研究所)》이어서 간행된《부모의 품격(親の品格, PHP研究所)》등이 있음.

Mariko Bando

비즈니스 및 옷차림, 화법 등 다양한 부문에 걸친 여성들의 행동 방식을 제시한 베스트셀러 《여성의 품격》의 저자로서 알려져 있는 반도 마리코 씨. 내각부의 여성 관료로 시작하여, 사이타마현 부지사, 재외 공관 총영사를 거쳐, 현재의 대학 학장이 되기까지, 여성의 사회 진출의 역사를 상징하는 듯한 눈부신 커리어를 구축해 왔다.

반도 씨는 1980년대, 여성의 커리어 형성의 실태에 관해 연구하기 위해 미국 하버드대학교에 단신으로 유학하여, 현지 커리어 여성들과 친밀한 관계를 맺으면서 평생을 함께 할 벗들을 얻게 되었다.

또한, 1990년대 후반에 총영사로서 체류한 호주에서 구축한 네트워크는, 10년의 세월이 지난 지금까지 변함 없는 교류가 이어지고 있다고 한다.

지금까지 우호 관계를 구축하는 도구로서 영어를 사용해 왔다는 반도 씨에게, 영어를 사용할 때의 노하우와 마음가짐에 대해 들어보았다.

::: 스스로 영어를 잘한다고 생각하는 사람은 없다

저는 도쿄대학을 졸업하고 공무원이 된 이후, 1978년에 캐나다에서 6개월 정도 그리고 1980년부터 1981년까지 1년 동안 미국 하버드대학교의 객원 연구원으로 생활한 경험이 있습니다.

해외로 나간 이유는 '일본 정부의 임원으로서 해외에서 활약하고 있는 여성이 적었던 당시에 영어 실력을 쌓으면 자신에게도 어떤 가능성이 펼쳐지지 않을까'라는 생각이 있었고, 또한 여성 행정을 배우기 위해서는 일본보다 여성의 사회 진출이 활발한 해외에서 생활해 볼 필요가 있다고 생각했기 때문입니다. 그런 이유로 하버드대학교에서 유학하기로 결심했지요.

그때에 제 앞을 가로막은 것이 역시 영어였습니다.

저는 원래 영어를 그다지 좋아하지 않았습니다. 후쿠시마현에서 태어나 자랐고, 일본인 선생님에게 제대로 된 일본식 억양의 영어를 배웠기 때문에 발음은 전혀 자신이 없었거든요. 그 시기에 발음의 기초를 배워 두었더라면 조금 더 잘 말할 수 있었을 텐데 하는 열등감을 항상 가지고 있습니다.

떠나기 전에는 벼락치기이긴 했지만 필사적으로 영어 공부를 했지요. 옛날부터 시험 직전에 밤샘 공부하는 것이 제 특기거든요(웃음). 그 당시 통산성(지금의 경제산업성)에 근무하시던, 제가 존경하는 분의 조언을 지금도 기억하고 있습니다. '일본 관료 중에서 스스로 영어를 잘 한다고 생각하는 사람은 A 씨, B 씨…'라고. 3명 정도의 이름을 들면서 '그 외의 사람들은 모두 자기가 영어를 못한다고 생각하니까 신경 쓸 것 없어요'라고 하시더군요. 그 말이 상당히 위로가 되었습니다.

::: 카페에 모여 있는 학생들을 상대로 했던 현지 영어 체험

뉴욕 케네디 공항에서 비행기를 갈아타고 하버드대학교가 있는 보스톤으로 향했습니다. 공항에 내려서 택시를 잡아 타고는 기사 분에게 하숙집인 아파트의 주소를 말했는데 전혀 통하지 않더군요. 하는 수 없이 종이에 쓴 주소를 내밀었지요. 어디로 데려가는 것인지 불안해 하다가 아파트 같아 보이는 건물 앞에 내리게 되었습니다. 혼자서 낑낑거리며 무거운 짐을 간신히 옮겼지요.

보스톤에는 아직 총영사관이 없던 시절이었고, 게다가 제가 근무하던 관청과는 관계없이 개인적으로 지원해서 유학을 간 것이기에 현지에는 아는 사람이 아무도 없었고, 정말 외톨이었습니다.

쉽게 말해서 벌거숭이로 뛰어든 것이지요. 어떻게든 되겠지 라는 생각으로 뛰어든 건데 생각해 보니 정말 어떻게든 되었네요(웃음).

한동안 아파트에서 생활하다가 혼자서 심심하기도 하고 이대로는 영어가 늘지 않을 것 같다는 생각에 대학원생 기숙사에 들어갔습니다. 그리고 카페 등에 모여 있는 학생들을 상대로 대화하면서 현지 영어 체험을 시도했지요. 듣는 것에는 차츰 익숙해졌지만 가장 어려운 것은 역시 발음이더군요. 적절한 표현으로 말했다 싶어도 발음 탓에 통하지 않는 일이 종종 있었습니다. 속상하기도 하고 비참하기도 했습니다. 대화를 종이에 적기도 했습니다. 발음에는 정말 고생을 많이 했지만 결국 지금까지도 재패니즈 잉글리시입니다. '통하기는 하는데' 좀처럼 늘지는 않네요.

또, 영어 서적이나 신문을 읽는 속도가 느려서 애를 먹었습니다. 일본어에 비해 대여섯 배의 시간이 걸리니 말입니다. 일본인들은 집중하지 않으면 알파벳이라는 기호가 머릿속에 의미로서 들어오지 않는 것 같습니다. 그렇다고 무리해서라도 영어를 읽지 않으면 늘지 않으니, 신문 같은 것은 매일 안달복달하면서 읽었습니다.

::: 미국 커리어 여성들의 삶에 감화되다

그런데 저처럼 이렇게 영어를 못하는 사람에게 사람 좋은 미국인들은 얼마나 친절하게 대해 주는지 감동한 일도 많았습니다. 역으로, 제가 일본어를 못하는 외국인 유학생에게 그렇게까지 친절할 수 있을까 자문할 정도입니다.

평생을 함께 할 벗들도 하버드 시절에 만났지요. 호스트 패밀리였던 메리나, 둘도 없는 친구 루시 등은 지금까지도 30년 지기로서 변함없이 저의 버팀목이 되어 주고 있습니다.

호스트 패밀리였던 메리 씨는 저를 무척이나 많이 도와 주었지만 '받은 은혜는 바로 갚지 않아도 괜찮아. 마리코가 장차 도움이 필요한 사람들을 도와줄 수 있게 됐을 때 그들을 도와주면 그걸로 충분해. 그렇게 한다면, 지금 내게 직접 은혜를 갚는 것과 마찬가지야'라고 하더군요. 훌륭하지 않나요? 저도 다른 사람에게 도움을 줄 수 있는 사람이 되어야겠다고 결심했지요.

또한 제가 미국에 갔던 1980년대 초는 마침 여성들의 기업 및 사회 진출이 두드러지던 때였습니다.

저는 보스톤 근처에 있는 회사의 2인자였던 여성이라든지, 하버드 비즈니스 스쿨에 다니는 여성들을 인터뷰해서 〈Women in decision making position(여성의 정책 결정 참여)〉라는 주제로 논문을 썼습니다. 활발하게 활동하는 여성들의 삶을 통해 저도 활력을 얻었고, 그 영향으로 전략적인 인생 설계를 할 수 있게 되었지요.

예를 들면 'Establish career first, after I have a family. (커리어를 형성한 후에 가정을 꾸린다)'라는 생각을 가진 여성들이 많았는데, 저도 그 영향을 받아 미국에서 돌아온 후에 아이를 하나 더 낳았답니다(웃음). 첫째 아이와는 띠 동갑으로 12살 차이가 납니다. 그리고 제가 37세 때 아이를 낳은 후에 친구 루시도 영향을 받았는지 38세에 첫 아이를 출산했지요.

미국에서의 생활은 이처럼 제 인생과 가치관을 크게 바꿨습니다.

∷ 힘있는 영어 스피치를 하기 위해

다음으로 제가 해외에 장기간 체류한 것은 1988년부터 2000년까지 호주 브리즈번 총영사관의 수장으로서 부임했을 때입니다. 최초의 여성 총영사였던 까닭에 호주 사람들이 크게 환영해 주어서 강연 등에 초빙되거나 매스컴에 거론되는 일도 많았지요.

총영사의 업무 중 하나로 일본을 대표하는 사람으로서 영어 스피치를 할 기회가 꽤 있었습니다.

스피치를 하기 전 데이터나 정보를 수집하고 어떻게 말하면 청중의 이해를 얻을 수 있을지를 생각한 후에 대본을 만들어서 임했습니다. 그리고 원어민 스태프에게 체크를 받고 사전에 소리를 내어 읽어가며 예행연습을 했습니다. 일본어 스피치라면 사전에 뼈대만 생각해 두어도 실전에서 별 문제 없이 할 수 있지만 영어 스피치를 하려면 이런 정성 어린 노력이 필요합니다.

몇 번씩 스피치를 거듭하는 동안 좋은 스피치를 하기 위한 비결을 터득하게 되었습니다. 아름답게 발음하기 위해 의식을 빼앗기기 보다는 내용을 깊이 이해함으로써 자신의 것으로 만들고, 이것에 대해서 나는 누구보다 잘 안다는 자신감을 가지는 것입니다. 그렇게 함으로써 말에 '힘'이 실리는 것이지요.

⠿ 일과 관련된 영어부터 시작해야 한다

영어 학습을 할 때도 마찬가지로 우선 자신이 잘 알고 있는 분야, 예를 들면 일과 관련된 영어부터 시작하는 것이 좋다는 것이 제 지론입니다.

제 경우, 자신 있게 이야기할 수 있는 전문 분야는 여성 정책인데요. 29세 때 총리부의 부인문제담당실에 들어간 것을 시작으로 저는 항상 여성들의 삶의 방식에 대해 흥미를 가지고 있었습니다. 《여성의 품격》을 비롯한 저작의 상당수가 여성과 관련된 내용이지요.

요즘, 영어로 말하고 싶다든지 외국인과 친구가 되고 싶다는 등의 이유로 영어를 공부하는 젊은이들이 많은 것 같은데 그것은 잘못된 생각입니다. 우선 목표로 해야 할 것은 '비즈니스에 활용할 수 있는 영어', '업무에 사용할 수 있는 영어'입니다. 극단적으로 말하면 일상회화 같은 건 잘 못해도 상관 없습니다.

스스로 생각하기에 이 분야라면 상대방이 귀를 기울여 들어 주겠다 싶은것을 영어로 말할 수 있도록 하는 거지요. 그런 전문 분야를 가지고 가능하면 그것을 외국인에게 발표하는 실천의 기회를 가지는 것이 좋습니다.

제 경우, 총영사로서 일본을 소개하는 스피치의 현장이 그것이었지요. 또, 자원봉사로서 외국에서 일본을 찾은 저널리스트 분들에게 영어로 일본을 소개하는 일을 하기도 했습니다. 다른 사람에게 이야기를 들려주는 일을 반복하다 보니 표현을 바꾸어 보는 등의 다양한 시도가 가능해졌고, 영어 실력도 향상된 것 같습니다.

⠿ '품격'있는 영어를 구사하도록 노력해 왔다

저는 지금까지 외교나 협상, 비즈니스 등을 위해서가 아니라 우호 관계를 만들고 친구가 되는 목적으로 영어를 사용해 왔습니다.

하버드 시절에는 외톨이로 시작해서 지금도 저의 버팀목이 되어 주는 메리나, 루시 같은 평생의 벗을 얻었지요.

총영사 시절에는 호주가 일본의 중요한 파트너가 될 것이라고 믿고 있었기에 그 땅에 많은 일본 팬을 만드는 것을 사명으로 삼고 있었습니다. 그래서 관저에 틀어 박혀 있지 않고 가능한 한 현지 사람들과 어울리기 위해 노력했고, 많은 사람들을 관저에 초대했습니다. 그러한 활동 가운데 많은 네트워크가 탄생했는데, 지금도 그때 알게 된 여성들이 1년에 두 번 정도 'Mariko's network'라는 모임을 통해 옛정을 새로이 하고 있다고 합니다.

저에게 영어라는 것은 상대방과의 우호 관계를 만들기 위한 중요한 도구입니다. 영어를 사용할 때는 비록 재패니즈 잉글리시라 하더라도 제대로 된 표현을 쓰기 위해 노력합니다.

앞서 나가 재치 있는 표현을 쓰기 위해 애쓰는 것이 아니라 유행어나 속어, 품위 없는 표현을 쓰지 않는 것 또한 자신의 마음에 충실하고 정확한 단어를 선택하는 것이 제가 생각하는 '영어의 품격'입니다.

그리고 같은 말의 반복이 되겠지만 말하는 내용에 실속이 있어야 하겠지요. 이 분야라면 상대방이 주목해줄 수 있고 귀를 기울일 만한 실속 있는 이야기를 할 수 있겠다 하는 분야를 가지고 그것을 갈고 닦는 겁니다.

다들 영어로 고생하고 있는데요. 저는 스스로 영어를 능숙하게 구사한다는 확신이 들었던 순간이 아직 없습니다.

앞으로요? 평생 그런 순간이 오는 일은 없을 것 같은데요 (웃음). 하지만 적어도 조금 더 잘하게 되어서 친구 루시가 먼저 'Your English is improving!(영어, 많이 늘었네!)'이라고 말해준다면 행복할 것 같습니다.

영어,
너 정말
이러기냐!

영어의 벽에 도전한 12인의 일본인

Shiro Asano

미국에서 나는 'Silent Student'였다

전 미야기현 지사

아사노 시로 浅野史郎

1948년 미야기현 센다이시 출생. 도쿄대학 법학부 졸업 후, 1970년에 후생성에 입성. 그로부터 2년 후, 재외 연구원으로서 미국 일리노이대학교 대학원에서 유학. 또한 1978년부터 3년 간에 걸쳐 워싱턴 재외 일본대사관에 부임. 귀국 후, 홋카이도청 복지과장 및 후생성 장애복지과장 등을 역임함으로써 장애복지 관련 업무가 필생의 과업이 됨. 1993년, 23년 7개월 동안 근무했던 후생노동성을 퇴직하고, 미야기현 지사 선거에 출마하여 당선. 이후, 3기 12년의 임기 동안 현정에 공헌. 현재는 사단법인 일본필랜스로피협회 회장을 맡고 있으며, 2006년에 게이오기주쿠대학 종합정책학부 교수로 취임. 주요 저서로 《허용되는 거짓말, 허용되지 않는 거짓말 아사노 지사의 '언어 백서(許される嘘、許されない嘘アサノ知事の「ことば白書」、講談社)》등이 있음.

1993년, 미야기현 지사 선거에 출마하여 당선. 전국을 선도하는 '개혁파 지사'로서 열린 현정 개혁을 추진하며, 3기 12년의 임기 동안 활약한 아사노 시로 씨.

아사노 씨는 지사가 되기 전인 후생성 관료 시절, 2년간의 대학원 유학을 포함하여 약 5년 동안 미국에서 생활했다.

'정치가인 이상 말을 못하고는 승부를 겨룰 수 없다'면서 스스로도 말 많은 사람임을 자부하는 아사노 씨도 미국의 대학원에서는 'Silent student(과묵한 학생)'였다고 회고한다.

유소년기부터 '말'에 관심이 많았고 지사 재임 기간 동안에도 〈신 언어학 서설(新·言語学序説)〉이라는 제목으로 선거 연설, 의회 답변, 기자 회견에 이르기까지 매일 겨뤄왔던 '말의 승부'에 관한 내용을 잡지에 연재했던 아사노 씨.

미국에서의 영어 체험을 토대로 일본인과 영어의 관계를 언어학적 관점에서 분석함과 동시에 이상적인 영어 교육에 관해 역설했다.

::: 단어를 철저히 암기함으로써 기초를 다졌다

제 고향인 미야기현 센다이시에 호리미영어학원이라는 유명한 영어학원이 있었는데, 중·고등학교 시절 그 학원에 다녔습니다. 강사였던 호리미 타카시 선생님은 1900년에 태어난 메이지시대 남성으로 85세까지 교편을 잡았던 건장한 분이셨습니다.

대단히 엄격해서 항상 손에 매를 들고 있었는데 때리거나 하지는 않았지만 철썩 하는 소리를 내곤 했지요. 그것이 어찌나 무섭던지요. '이런 바보!'라고 호통을 치시기도 했습니다.

학원에는 '호리미 메소드'라고 부를 수 있는 독자적인 교수법이 있었는데 그것을 철저하게 가르쳤습니다. 그건 바로 영어를 통째로 암기하는 것이었습니다.

중학교 1학년 때는 단어의 철자를 철저하게 암기했습니다.

예를 들면, 선생님이 'What is the meaning of umbrella? (umbrella의 뜻은?)'라고 물어봅니다. 그러면 학생들은 '우산'이라고 대답합니다. 이어서 선생님이 'How do you spell it?(철자는?)'이라고 몰아 붙이듯이 질문하면 학생들은 쉴 틈 없이 '유 엠 비 알 이 엘 엘 에이'라고 대답해야 합니다. 영어를 마치 주문 외우듯이 크게 읊으면서 어휘를 체득하게 하는 겁니다.

문법보다는 어휘를 늘리는 것을 중시하는 수업이었습니다. 거기서 철저히 단어를 암기한 덕분에 저는 조기에 영어의 기초를 익힐 수 있었고, 영어는 언제나 제게 자신 있는 과목 중 하나였습니다.

::: 미국 유학을 결심하게 된 '패자부활'

저는 도쿄대학 법학부에 들어갔지만 암울한 시절을 보냈습니다. 도중에 대학분쟁이 있었던 영향도 있었지만 빈둥거리는것도 아니고 그렇다고 공부도 하지 않으면서 대학 생활을 무의미하게 보내고 말았습니다. 이대로는 안된다는 생각에 빨리 졸업을 하고 싶어서 조바심이 났었죠. 새로운 페이지를 넘기듯 인생을 다시 시작하고 싶었던 겁니다.

그런 까닭에 저는 후생성(지금의 후생노동성)이라는 조직에 감사하고 있습니다. 저 같은 열등생을 거두어 주다니 말입니다. 저에게 일을 맡겨 주는 사람이 있고, 할 수 있는 일이 있다는 사실 자체에 매일 감사했었습니다.

후생성에 들어간 지 1년 정도가 지난 어느날, 인사원 행정관재외연구제도에 관해 알게 되었고 흥미를 가지게 되었습니다. 그것은 국제화되는 사회 흐름에 따라가기 위해 각 성에서 희망자를 모집하여 2년 간 해외 유학을 보내는 제도입니다. 각 부처에서 한 명 내지 두 명, 전체 부처에서 30명 정도가 선발되는데 저는 제일 먼저 손을 들었습니다.

설마 관청에 들어가서까지 대학을 다닐 수 있을 줄은 몰랐습니다. 무의미하게 보낸 대학 생활을 한 번 더 새롭게 경험하면서 그 좌절감을 날릴 수 있는 기회다 싶었습니다. 바로 저의 '패자부활전'이었던 것이죠.

게다가 유학을 가게 된 곳이 일리노이대학교 대학원이라는 것 때문에 미국에 대한 동경심이 되살아났습니다. 어릴 적부터 단파라디오를 들으면서 닐 세다카, 폴 앵카, 코니 프란시스 등에 푹 빠져 살았고, 존경하는 엘비스 프레슬리의 음악을 처음 접한 것이 중학교 3학년 때의 일입니다. 영어 가사를 열심히 듣고 뜻을 찾아보던 추억도 있어 미국에서 생활하는 것에 대한 특별한 동경심이 있었던 것 같습니다.

::: 책 속의 표현을 따라 하면서 영어 공부를 했다

미국에 감으로써 '패자부활'에 성공했냐고 한다면 그리 쉽지만은 않았습니다.

우선 충격이었던 것은 미국 대륙으로 향하는 비행기가 경유지인 하와이 호놀룰루 공항에 내렸을 때, 거기서 주고 받는 영어를 한 마디도 알아들을 수 없었다는 점입니다.

관광버스에 올라서도 안내방송을 전혀 알아들을 수가 없었습니다. 불안한 마음에 옆에 앉은 아주머니에게 짧은 영어로 말을 건네어 보았습니다. 오하이오주에서 왔다던 그 분은 제가 안내방송을 못 알아듣겠다고 했더니 '괜찮아요! 나도 모르니까'라고 농담을 섞어가며 위로하더군요(웃음). 이런 상태로 대학원 수업을 들을 수 있을까 하는 불안감은 사라지지 않았습니다.

그런데 실제로 대학원 수업에 들어가 보니 수업 내용의 80퍼센트는 이해가 되어서 조금은 안심이 되었습니다.

또한 영어 기술력도 합격점은 된다는 것을 알았습니다. 당시에는 리포트 제출이 많았기 때문에 저는 도서관에서 방대한 양의 책을 읽고 책 속의 표현을 흉내 내어 온갖 고생을 하면서 영어 문장을 만들었습니다. 기숙사와 교실, 도서관, 이렇게 삼각형을 왔다 갔다 하면서 참 열심히 했었죠.

그 당시, 유학생들에게 영어를 가르치던 원어민 선생님이 계셨는데 그 선생님에게 리포트를 보여 드렸더니 '어떻게 이렇게 영어를 잘 쓸 수 있죠? 미국 학생들보다 오히려 제대로 된 영어를 썼네요'라고 칭찬하시더군요. 좀 놀라기는 했지만 그렇다고 농담은 아닌 것 같았습니다.

::: 영어로 발언하지 못하는 것은 '배짱이 없어서'였다

이렇게 듣기도 쓰기도 합격점이었지만 제가 무엇보다 고생한 것이 말하기였습니다. 미국 대학에서는 단순히 교수가 교단에 서서 강의만 하는 것이 아니라 학생들에게 질문을 하거나 클래스 전체가 토론을 하는 수업도 많았는데 저는 그 안에서 아무 말도 못하는 'silent student(과묵한 학생)'였습니다.

영어를 못하는 것도 아닌데 발언할 용기가 없는 겁니다.

지금 생각해 보면 당시 저에게 부족한 것은 바로 '배짱'이었습니다. '내 영어를 못 알아들으면 어떡하나, 말을 시작했는데 단어가 떠오르지 않으면 어떡하나' 하는 생각에 입을 열기 전부터 위축되고 이상한 완벽주의에 빠진 결과 'silent student'가 된 겁니다. 일대일로 대화하는 경우에는 조금은 편하게 말이 나와서 나중에 담당 교수님과 면담할 기회가 있었을 때에 교수님이 '자네 원래 그렇게 말을 잘했나?'라며 놀랐을 정도입니다.

저는 원래 수다스러운 성격으로 과묵하다든지 말솜씨가

없는 것과는 정반대입니다. 언어적인 재능은 누구보다도 뛰어난 편이라고 생각해 왔습니다.

그 이유로서 제게 손위 누이가 두 명 있었던 것이 크게 작용했다고 봅니다. 두 명이라는 것이 포인트인데 두 명이 모이면 대화가 가능합니다. 다시 말해 저는 그녀들이 읽고 쓰고 말하고 들을 때마다 언제나 서당개처럼 그 자리에 있으면서, 나이 차이 만큼 한 단계 높은 언어 생활에 노출되어 있었던 겁니다.

게다가 그 두 명에게 얽혀서 말싸움을 하다가 져서 울기도 했죠(웃음). 상대는 여자들인데다가 두 명이 편을 먹고 싸우기 때문에 저에게는 애초부터 불리한 싸움이었지만, 지기만 하는 건 억울해서 죽기 살기로 말 연습을 했습니다. 덕분에 초등학교에 들어가기 전부터 신문 기사 정도는 읽을 수 있는 수준이 되었습니다.

언어 능력에 자신감이 있기에 영어를 하는 경우에도 자신의 언어 실력에 대한 기대치가 높아지더군요. '일본어라면 재치 있게 말하거나 농담을 날려서 웃길 수 있을 텐데'라는 생각에 매우 답답해지는 것이죠.

::: 20세가 지나서 2중 언어를 구사하는 것은 어렵다

저는 특별히 영어를 벽으로 인식한 적이 없습니다. 그래서 벽에 부딪혔다든지, 벽을 넘었다는 등의 의식도 없습니다. 무엇을 '벽'으로 여기는 지는 사람에 따라 다르다고 생각합니다.

일본인이 영어로 무언가를 말하려고 할 때는 우선 일본어로 생각한 후, 그것을 머릿속에서 영어로 번역해서 번역한 영어를 입 밖으로 냅니다. 그것이 영어를 말하는 과정입니다.

영어를 잘하게 되는 것은 그런 번역 속도가 빨라지는 것입니다. 10대 청소년기에 영어 환경에 노출되면 번역을 거치지 않고 처음부터 영어로 생각하고 영어로 말하게 되겠지만, 어른이 된 후에 영어를 습득하는 사람은 이미 축적된 일본어의 방해를 받아 번역에 걸리는 속도가 둔해지고 맙니다.

제가 그것을 실감한 것이 자동차 운전의 경우였습니다.

저는 일본에서 운전을 한 적이 없었기에 미국에서 면허를 땄습니다. 처음 자동차로 달린 곳이 미국의 도로입니다. 시속은 킬로미터가 아니라 '마일', 휘발유는 리터가 아니라 '갤런'으로 학습했습니다. 1갤런에 20마일을 달린다든지, 그러한 것을 머리에 입력한 겁니다.

일본에 돌아온 후 운전을 했을 때, 저는 자신이 '역으로 번역'하고 있다는 것을 깨달았습니다. '시속 100킬로미터라면… 그러니까 마일로 60마일…'이런 식으로 말이죠. 몸은 마일로 인식하고 있는 겁니다.

언어라는 것은 이와 같이 시추에이션(상황)과 밀접하게 연결되어 있습니다. 예를 들어 차가운 것을 만졌을 때 'cold!'라고 누군가가 소리치는 것을 보고, 이런 상황에서는 이런 말을 사용하는구나 하는 것이 신체적인 체험으로서 축적됩니다. 그것이 마침내 자신의 언어 세계 구축으로 이어지게 됩니다.

처음 제가 미국에간 것은 24세 때입니다. 그때는 이미 시추에이션이 일본어와 연결되어 있는 언어 세계가 제 안에 견고히 자리잡고 있었습니다. 일본인은 20세가 지날 때까지 해외에서 일정 기간을 지낸 경험이 없는 경우, 그 이후에 아무리 영어를 맹렬히 공부해도 영어 원어민처럼 될 수는 없습니다.

그것이 일반적으로 말하는 '영어의 벽'일지도 모르겠습니다. 하지만 저는 처음부터 외국어를 습득하는 것이 어휘를 늘림으로써 머리 속에서의 번역 속도를 0점 몇 초라도 줄여가는 결승점 없는 여정이라고 생각하고 있었기 때문에 애당초 벽으로서 인식하지 않습니다.

::: 절실한 '동기'가 영어 실력 향상을 촉진시킨다

현재 많은 사람들이 영어를 국제어로서 사용하는 가운데 일본인의 영어 실력은 위기라고 할 수 있을 정도로 뒤쳐져 있는 건 아닌지 저는 심각하게 걱정스럽습니다.

예를 들어 미국 메이저리그에 진출한 야구 선수가 기자회견에서 '제가 영어를 잘 못해서요'라고 합니다. 냉정하게 들릴지 모르겠지만 직업인으로서 야구를 하면서 언젠가 메이저리그에 진출하고 싶다는 생각이 있다면 영어는 필수입니다. 사실, 메이저리그에 도전할 선수가 일본어 밖에 못하는 것을 모두가 이상하게 여겨야 마땅합니다. 일본인이 영어를 못하는 것을 당연시하는 그 현상 자체에 대한 위기 의식을 느낍니다.

이건 지인에게 들은 이야기입니다만 호주에 경마 기수를 양성하는 학교가 있는데 고등학생 정도 나이의 일본 학생들도 몇 명인가 다니고 있다고 합니다. 당연히 처음에는 영어를 잘 못하겠지요. 그런데 3개월도 못 되어 자연스레 영어를 사용할 수 있게 된다고 합니다.

그렇게 빠른 시간 내에 실력이 느는 이유로서 두 가지를 생각할 수 있습니다. 우선은 현지에서 살아 있는 영어를 접할 수 있다는 점입니다. 좀 전에 말씀 드린 자동차 운전과 마찬가지로 말을 다루면서 '레프트'라든지 '라이트'라고 지시할 때 그들은 시추에이션과 언어를 세트로 외우게 됩니다. 그리고 또 한 가지, 기수로서의 기술을 향상시키기 위해서는 영어가 절대적으로 필수 불가결하다는 점입니다.

결국 언어라는 것은 도구이기 때문에 영어를 잘 말하는 것을 목적으로 영어공부를 해서는 실력 향상에 한계가 있습니다. 그럼 어떻게 하면 좋을까 생각했을 때 저는 영어를 익힘으로써 생기는 인센티브(동기)를 만드는 것, 다시 말해 동기부여가 중요하다고 봅니다. 지금 예로 든 기수 지망생들에게도 영어를 배워야 하는 절실한 동기가 있습니다. 그렇기 때문에 영어를 공부하는 태도도 자연스럽게 달라지는 겁니다.

::: 오바마 대통령의 '노래'와 같은 영어에서 배우다

일본인이 영어를 배우는 인센티브라는 측면에서 생각했을 때 저는 지금 미국의 오바마 대통령에게 많은 기대감을 가지고 있습니다.

저는 종종 오바마 대통령의 훌륭한 연설에 감동을 받습니다. 킹 목사의 'I have a dream'과 같은 명연설도 그렇지만 훌륭한 영어 연설은 흡사 '노래' 같습니다. 발성의 강약이나 여백, 발음, 연사가 서 있는 자세 등 모든 요소가 어우러져 노래를 듣는 듯한 좋은 기분을 선사합니다. 또한 연설문 원고를 읽어봐도 눈물이 날 정도로 감동적입니다. 미국의 지도자나 정치가들이 국가를 견인하는 힘은 모두 말의 힘에서 비롯된다는 것을 잘 알 수 있습니다.

오바마 대통령의 연설집이 일본에서 베스트셀러라고 합니다만, 많은 일본인이 그의 영어가 지니는 힘에 매료되고 나도 그렇게 말하고 싶다 또는 그가 무슨 말을 하는지 영어로 알고 싶다고 생각하기 때문일 것입니다.

그것은 영어와의 행복한 만남이자 영어를 배우는 좋은 인센티브가 되겠죠. 즐거운 마음으로 연설을 따라 하다 보면 영어와 친숙해질 것이고 그렇게 익힌 영어는 평생 잊히지 않을 것임에 틀림없습니다. 그것과는 대조적으로 명확한 인센티브가 없는 의무 교육에서 시작된 영어와의 만남은 불행하다고 밖에 말할 수 없습니다.

제가 중학교 1학년 때에 동급생 남자아이가 '아사노, 왜 꼭 영어를 배워야만 하는 걸까?'라고 한 적이 있습니다. 저는 그 친구가 진실을 말해 주었다는 생각이 듭니다. 우리 아이들이 영어를 '하지 않으면 안 되는 것'으로 인식하는 한, 일본인의 영어 수준은 미래에도 지금과 다름이 없을 것입니다.

그와 반대의 경우, 스포츠를 예로 들면 알기 쉽겠네요. 예를 들어 축구를 좋아하는 소년이 '베컴과 함께 경기를 해보고 싶다'는 꿈을 가진다면 진지하게 영어를 공부할 것이고, 매리너스의 조지마 켄지 선수를 동경하는 아이는 투수와 포수 간의 커뮤니케이션을 영어로 하는 것에 도전할지도 모릅니다.

아이들에게는 각자의 관심 분야가 있고 장래에 '이런 사람이 되고 싶다'는 꿈이 있을 겁니다. 영어 교육 또한 거기에서부터 출발해서 '그럼 그걸 위해서는 영어가 꼭 필요하겠네'라는 식으로 인도해 줄 필요가 있는 것은 아닐까요.

Yasushi Akashi

서투르거나 촌스러워도
자기만의 영어이면 된다

전 유엔 사무차장

아카시 야스시 明石 康

1931년 아키타현 출생. 1954년 도쿄대학 교양학과 졸업. 같은 대학 대학원을 거쳐 버지니아대학교, 플레처 스쿨, 콜롬비아대학교에서 유학. 1957년 일본인 최초로 유엔 사무국에서 근무를 시작. 정무 담당관, 사무총장 관방 보좌관, 직원조합 위원장, 일본정부 유엔 대표부 참사관, 공사, 대사 등을 역임. 1992~1995년까지 사무총장 특별대표(캄보디아 잠정통치기구, 구 유고슬라비아 담당)로 취임. 1997년 말, 유엔을 퇴직한 후에 스리랑카 평화 구축 담당 일본정부 대표, 리쓰메이칸대학 및 국제교양대학 객원교수, 아카시주크 원장 등을 역임. 주요 저서로는 《국제연합 – 발자취와 전망(国際連合-軌跡と展望, 岩波書店)》, 《전쟁과 평화의 골짜기에서 국경을 넘은 군상(戦争と平和の谷間で 国境を越えた群像, 岩波書店)》 등이 있음.

1956년 일본이 유엔에 가입한 직후, 일본인 최초로 유엔 직원이 된 아카시 야스시 씨.

일본정부 유엔 대표부의 요직 및 유엔 간부직을 역임했고 캄보디아 평화 및 구 유고슬라비아 분쟁 해결을 위해 힘썼다.

각국 대표가 모여 각자의 의견을 주장하며 첨예하게 대립하는 유엔의 현장, 대표자의 발언 하나하나가 순식간에 바다를 건너 관계 각국에 전달되고 분석된 후, 그에 맞는 정책 결정이 이루어진다.

커뮤니케이션에 실수가 있을 경우, 국가로서의 신용이나 국익을 잃을 수도 있다.

자신의 발언이 전 세계의 주목을 받는 입장에서 아카시 씨는 어떤 점을 중시하면서 영어를 구사해왔을까.

아키타 방언과 표준어의 벽으로 인해 고생하던 젊은 시절의 추억에서부터 유엔의 중요 회의에서 오고 간 대화에 이르기까지, 일본정부의 대표이자 유엔 간부로서 '말'을 다루는 법에 대해 이야기해 주었다.

::: '기브 미 초콜릿'이란 말은 하고 싶지 않았다

전쟁이 끝났을 때 저는 구제(旧制)중학교(1947년에 이루어진 학교교육법 시행 이전의 일본 중등교육 기관) 3학년이었습니다. 제가 태어난 아키타현에도 주둔군이 잇달아 들어와서 중학교 건물을 접수했지요.

영어를 배우기 시작한 건 중학교 때부터인데 저는 그다지 영어를 좋아하지 않았습니다. 누가 뭐라 해도 적국의 언어였고 전쟁 후, '기브 미 초콜릿! 기브 미 추잉 껌!'이라고 외치기 위해 영어회화를 배우는 젊은이들을 경멸하기도 했습니다.

그러나 제가 다니던 아키타중학교는 현립 중학교로서 가

장 높은 수준을 자랑하는 곳이었기에 좋은 영어 선생님들이 많았습니다. 또한 저희 형님이 추천해 준 참고서가 매우 알기 쉽게 되어 있어서 차츰 영어와 친숙해지게 되었지요.

그 후에 진학한 구제 관립 야마가타고등학교에는 《이와나미영일사전(岩波英和辭典)》을 편찬·집필한 타나카 키쿠오 선생님이 계셨는데 저는 그 분에게 직접 영어를 배웠습니다. 타나카 선생님은 독학으로 영어를 공부한 분으로, 지금 생각하면 영어 발음이 굉장히 기묘했는데 영어의 기초적인 구조나 문법, 어휘에 관한 올바른 지식을 가르쳐 주셨습니다.

여기, 영문학자인 나메가타 아키오라는 사람이 쓴 《영문쾌독술(英文快読術, 岩波書店)》이라는 책이 있습니다. 이책에는 나메가타 씨가 도쿄대학 2학년이던 때에 들었던 문화인류학 수업에 관한 내용이 있습니다. 어떤 내용인가 하면…

그 수업의 담당 교수가 해외에서 왔던 까닭에 수업은 모두 영어로 진행되었다. 따라서 학생들이 수업 내용을 이해하는 것은 매우 힘들었다. 그 중에는 시작할 때의 'Good morning'과 마지막의 'Good bye'밖에 못 알아듣는 학생들도 있었다. 그런 학생 가운데 눈이 많이 내리는 니가타현에서 온 오와다라는 남학생과 아키타의 산골에서 온 아카시라는 남학생도 있었다. 그런데 둘 다 중학교, 고등학교에서 기초만큼은 제대로 배워온 듯, 수업에 출석한 지 6개월 정도가 지나자 교수가 하는 말을 대부분 알아듣게 되었다.

사실, 이 책의 저자인 나메가타 씨는 제 동급생으로 아키타에서 온 아카시는 저를 가리킵니다. 니가타 출신의 오와다는 마사코 왕세자비의 부친으로 유엔 대사, 외무차관 등을 거쳐 국제사법재판소 판사로 재임 중인 오와다 히사시 씨를 말합니다.

다시 말해 중·고등학교 때 기초를 확실히 다져 두면 그 후에는 듣기, 말하기에 응용할 수 있다는 예로서 저희를 든 것인데 저도 나메가타 씨의 생각에 동의합니다.

::: 영어 신문으로 영문 패턴을 암기하다

그런데 제가 대학교 시절에 완벽하게 영어를 쓰고 말할 수 있었냐고 한다면 그렇지 않았습니다.

그 당시 도쿄대학에는 해외에서 부임해 온 교수님이 몇 분 계셨는데 저는 어떤 교수님이 주최하는 차 모임에 자주 참석했습니다. 그 모임에는 교수님의 두 명의 예쁜 딸과 몇 명의 미국인 청년들이 참석했었지요. 모임에 참석하면서 그들과 친해졌고, 정치, 사회, 국제정치 등에 관한 이야기를 나누게 되었습니다.

가끔은 게거품을 튀길 정도로 격렬하게 논쟁하기도 했지요. 당시 일본 대학생들의 대부분은 마르크시즘에 빠져 있었기 때문에 미국인 청년들 입장에서는 우리가 공산주의자 같은 경제용어를 사용하는 것이 달갑지 않았을 겁니다. '당신들 공산주의자 아닌가'라는 질문을 종종 들었지요. 물론 곧바로 열심히 설명을 했지만 그 당시 제 어학 능력으로는 생각하는 것을 완벽하게는 전달할 수 없었습니다. 매우 답답하더군요.

그런 답답함이 원동력이 되어서 영어 신문을 읽으며 영어 공부를 하게 되었습니다. 특히 사설 표현이 참고가 되었습니다. 영어 문장에는 패턴이 무한하게 있는 것이 아니라 몇 가지 패턴을 암기한 후, 그 중 한 가지를 사용하면 되는구나 하는 것들을 서서히 알게 됩니다. 예를 들어 말하고자 하는 것을 표현하기 전에 'This is clear that~', 'It seems to me that~' 등을 앞세우면 그 사이에 머릿속을 정리해서 말할 수 있다는 것도 알게 되었습니다.

::: 사전에 없는 슬랭으로 인한 고생

대학 생활 내내 줄곧 '국제정치학 학자가 되겠다'는 목표가 있었던 저는 풀브라이트 장학금 제도에 지원하여 합격했고 버지니아대학교로 유학을 가게 되었습니다.

1955년의 일입니다. 요코하마항에서 지금도 운항 중인 히카와마루라는 배를 타고 수십 일 걸려 겨우 미국에 도착했지요.

미국이라는 나라를 직접 경험해 볼 수 있다는 설렘과 일말의 불안감도 있었지만, 풀브라이트의 좁은 문을 통과함으로써 어느 정도 영어 실력에 대한 자신감이 생겼기에 기대감으로 가득 찼습니다.

그런데 버지니아주에서는 남부 특유의 억양이 담긴 영어가 쓰이고 있어 처음에는 그것을 이해하는 데에 고생을 했습니다.

슬랭으로 인해서도 애를 먹었습니다. 저는 학생 기숙사에서 미국인 학생과 함께 생활했는데 그들의 대화 속에 들어가는 F로 시작하는 네 글자가 뭔지 몰랐습니다. "FUCK'라는 건 어떤 개념을 나타내는 표현입니까?"라고 질문해서 웃음을 사기도 했지요.

슬랭은 학교 교육에서 배운 적도 없었고 사전에도 없기 때문에 그러한 비웃음을 사거나 바보 취급을 당하면서 배울 수밖에 없었습니다.

하지만 결코 비굴해지지는 않았습니다. 미국 학생들과 세미나에서 토론을 하거나 기숙사에서 왁자지껄 떠드는 정도의 커뮤니케이션이 가능해지고 나니 그들이 괴테나 지드 같은, 당시 일본 대학생들이 상식으로 알고 있던 소설가나 철학자들의 책은 읽지 않을 뿐만 아니라 이름조차 모른다는 것을 알았습니다.

지식이나 교양은 우리가 한 수 위라는 자신감을 가지게 되었지요.

참고로 풀브라이트 장학금은 우수한 장학금 제도로 대학 수업료를 면제해 줄 뿐 아니라, 당시 금액으로 월 140달러를 지급해 주었습니다. 그렇다고는 해도 중고차를 살 수 있을 정도에는 못 미치는 금액이라서 근처 여대까지 차를 몰고 가서 여학생들과 놀러 나가는 일 같은 건 불가능했습니다. 대신

매일 도서관에서 밤 12시까지 공부했지요. 일본에 있을 적에는 고학생이었기 때문에 아르바이트를 하지 않고 마음껏 공부할 수 있다는 것만으로도 행복했습니다.

::: 서툰 영어라도 단어를 늘어놓기만 하면 뜻은 통한다

1956년 12월, 일본이 유엔에 가입했고 저는 이듬해 2월부터 거기에서 일하게 되었습니다.

그 당시 제 영어 실력은 영국인 상사가 '자네의 영어 실력은 미국인보다는 나을지 몰라도 영국인의 영어에 비하면 매우 뒤떨어진다'고 말할 정도의 것이었습니다. 칭찬인지 욕인지 지금도 잘 모르겠지만요(웃음).

처음 부여 받은 업무는 1956년 10월에 발생한 헝가리 폭동에 관한 사무총장 보고서를 작성하는 것이었습니다. 공산당이 지배적인 위치를 고수하던 헝가리정부에 대항하여 민중이 전국적인 규모로 궐기했는데 소련이 군사 개입을 통해 진압했던 매우 큰 사건이었습니다.

그 보고서 작성을 위해 14~15명의 직원들이 모였습니다. 국적도 제각각으로 12~13개국의 사람들로 이루어져 있었던 것으로 기억합니다. 당연히 커뮤니케이션에는 영어를 사용합니다. 영국인이나 미국인만 있다면 문제 없겠지만 그 중에는 영어를 제2외국어, 제3외국어, 제4외국어로 배운 사람들이 섞여 있어 저를 포함해 각자의 억양이 강한 영어를 사용하는 사람들이 대부분이었습니다. 그런 사람들이 모여 의사소통을 하는 것은 쉬운 일이 아닙니다.

다만 유엔에서는 국제정치와 관련된 전문용어를 사용하기 때문에 문법은 불완전해도 단어를 연결시켜 나가다 보면 대략적인 뜻은 통한다는 것을 알게 되었습니다. 무엇보다 언제까지 보고서를 완성해야 한다는 공통적인 문제 의식이 크게 작용했지요. 매일 밤 늦게까지 모이고 주말 출근도 불사하면서 협력하다 보니 멋진 팀워크가 구축되었습니다. 그 결과, 질적으로 우수한 보고서를 작성할 수 있었고, 저 스스로 앞으로 잘 해나갈 수 있을 거라는 자신감이 생겼습니다.

::: 철칙은 앞 다투어 빈번하게 발언하는 것

국제적인 관료나 외교관에게 업무 상 가장 큰 도구는 '말'입니다. 특히 유엔에서는 각국 대표들이 많은 위원회를 통해 '내 의견이 옳다', '아니, 내가 더 옳다'라며 첨예한 논쟁을 펼집니다.

오해를 부르지 않는 올바른 표현을 사용해야 함은 물론이고, 말이 의사소통의 수단임과 동시에 상대방에게 치명타를 가하는 무기가 되기도 합니다. 여러 나라의 사람들이 모여 있기에, 사용하는 영어의 어감도 다릅니다.

제가 유엔 대표부에서 일본정부 대표로 있을 때 여러 나라 사람들을 이해시키기 위해 마음에 새겨 두었던 것이 몇 가지 있었습니다.

우선, 철칙으로 삼았던 것은 빈번하게 발언하자는 것이었습니다. 유엔의 회의에서는 5~6개국이 발언을 하면 나머지 발언 내용은 거의 비슷비슷합니다. 청중의 이목을 집중시키려면 세 번째, 네 번째 정도까지는 발언을 해야 합니다. 발언 순서가 늦어질수록 인상이 옅어지기 때문이지요. 따라서 의

제에 관한 예습 복습은 필수입니다. 또한 회의의 논점을 잘 듣고 각국이 지금 무슨 생각을 하며, 무엇을 목적으로 하는지, 무엇을 우려하고 있는지, 큰 흐름은 어떤 방향으로 향하고 있는지, 그 속에서 일본의 이해관계는 어디에 있는지 등을 항상 이해하고 있어야 합니다.

그리고 또 한 가지, 감정적인 대립은 금물입니다.

상대방을 정면으로 반박하거나 비판해서는 안 됩니다. 가능한 한 완곡하게 뉘앙스를 싣거나 간접적인 표현을 적절히 사용하여, 만약 상대방이 노발대발하는 경우가 있더라도 그가 과잉 반응을 보이고 있으며, 홀로 씨름을 하는 것과 같은 상황을 만듦으로써 상대방보다 우위에 서도록 해야 합니다. 기술로 승부가 나는 것이지요.

감정적으로 행동하면 지고맙니다. 상대방을 설득하기 위해서는 침착한 태도를 가지고 논리적으로 논의를 전개하면서 주장을 뒷받침하는 객관적인 사실이나 통계 데이터를 충분히 가지고 있어야 합니다. 그렇지 않으면 아무도 귀를 기울여 주지 않습니다.

::: 표현에는 적당한 '맛'을 가미해야 한다

또한 경우에 따라서는 영어에 '맛을 가미'할 수 있는데, 큰 회의에서는 그러한 맛을 강조하는 것도 때로는 필요합니다. 애매하고 흐리멍텅한 표현으로는 바쁜 각국 대표들을 주목시킬 수 없기 때문이지요.

한 번은 이런 일이 있었습니다.

유엔 일본대표부에서 국제협력기구 이사장이었던 오가타 사다코 씨가 유엔 총회의 제3위원회, 제가 제5위원회를 담당하던 때의 일입니다. 오가타 씨가 제3위원회의 한 사람에게 제5위원회의 일본 대표가 여성의 지위에 관해 조금 이상한 발언을 하더라는 거짓말을 듣고는 제 방으로 달려왔습니다. 그리고는 '아카시 씨, 도대체 무슨 말을 한 겁니까?'라며 저를 추궁하더군요.

저는 유엔에 일본인 직원을 더 늘려야 한다는 취지에서 다소 강하게 '유엔 직원으로서의 자격 요건을 충족시킨다면 유엔헌장 101조에 근거하여 일본과 같이 직원 수가 아직 적은 나라의 경우, 남성·여성을 불문하고 직원을 채용하는 것이 결정적으로 중요하다'라는 연설을 한 것인데, 제3위원회에는 여성 대표가 많았던 탓에 '아카시는 여성 직원을 늘리는 데에 반대하는 것 같다'고 곡해한 겁니다. 여성에 대한 차별 발언이 아니라 여성의 사회 진출이 늦어지고 있는 아시아의 실정을 고려해야 한다는 배려심에 근거하여 발언의 맛을 다소 강하게 가미함으로 인해 예상 이외의 반향이 돌아온 예입니다.

::: 중요한 이야기는 일대일로 할 것

그리고 매우 중요하고도 미묘한 협상의 자리에서는 가능한 한 일대일로 대화하는 것도 제가 유념하던 것 중의 하나입니다.

보스니아 내전이 격화되었던 1990년대의 일입니다.

구 유고 문제 담당, 사무총장 특별대표로 임명된 저는 1994년 고라주데 사건 당시, 세르비아의 밀로셰비치 대통령과 회담을 가지게 되었습니다. 세르비아인 측이 필요한 양보를 하지 않는다면 NATO에 의한 대규모 공습이 불가피하며 세르비아 민족은 멸족 위기에 처할 수도 있다는 강력한 발언을 통해 양보를 재촉하는 긴박한 국면이었습니다.

유엔 측에서 10명, 세르비아 측에서 20명 정도의 많은 인원이 모여 있어 회의장은 북적거렸습니다. 거기서 저는 대통령에게 '가능하다면 당신과 나 둘이서만 이야기할 수 있겠습니까?'라고 제안했습니다. 대통령에게도 체면이 있으니 자신의 동료나 부하가 옆에 있으면 좀처럼 본심을 보일 수 없을 것이라고 판단한 것이지요.

그래도 일대일까지는 무리였기에 상대편은 대통령과 세르비아인 세력인 시민 대표, 군인 대표가 동석했고, 저는 유엔 PKO 총사령관만을 데리고 밀로셰비치 대통령 집무실에 들어갔습니다. 그리고 세르비아가 지금 역사의 분기점에 서 있다는 사실을 솔직하게 밝힘으로써 중요한 양보를 얻어낼 수 있었습니다.

또 한 가지 예입니다만 카라지치 대표와 투즐라 공항 개항 문제를 두고 회담을 했을 때의 일입니다. 처음에 강경한 태도를 보이던 카라지치 씨를 설득하기 위해서는 어떻게 하면 좋을까 생각하다가 그가 농담을 좋아한다는 사실을 알고 있던 저는 이렇게 입을 열었습니다.

숙녀가 'No'라고 할 경우, 그것은 'Maybe' 정도의 의미이다. 숙녀가 'Maybe'라고 하면 'Yes'라는 뜻이다. 그러나 숙녀가 'Yes'라고 한다면 그 사람은 숙녀라고 할 수 없다. 외교관이 'Yes'라고 할 경우, 그것은 'Maybe' 정도의 의미이다. 'Maybe'라고 하면 'No'라는 뜻이다. 그러나 외교관이 'No'라고 한다면 그는 외교관이라고 할 수 없다. 뒤집어 말해서 당신은 국가를 짊어지는 큰 외교관이므로 나에게 'No'라고 할 수 있을리 없다라고 말입니다.

준비해 온 말은 아니었고 순간적으로 생각해 낸 말이었습니다. 그러자 카라지치 대표는 껄껄 웃으며 "미스터 아카시는 이렇게 말하고 싶은 거군요. '고집을 부릴수록 손해다'라는 거지요?"라고 하더군요. 주변을 설득하여 적어도 그 날만큼은 투즐라 공항 개항에 대해 '노'라고는 말하지 않았습니다.

::: 나에게 '제1외국어'는 도쿄의 표준어였다

언어를 능숙하게 구사하기 위해서는 때로는 창피를 당하는 경험에 통해 갈고 닦을 수밖에 없습니다.

저 또한 아무 문제 없이 2중 언어를 구사하게 된 것이 아니라 화가 나는 경험도 많았고 창피도 많이 당했습니다.

제게 있어 제1외국어는 사실 도쿄의 표준어라고 할 수 있을 겁니다.

대학에 다니기 위해 아키타에서 상경해서 처음 고생을 한 것이 말 때문이었습니다. 아키타 사투리가 주변 사람들에게 통하지 않았던 겁니다.

첫 하숙집은 스기나미구 에이후쿠정에 있었습니다. 겨울이 되어 추웠기 때문에 하숙집 주인에게 '아주머니, 불(火) 좀 넣어 주세요'라고 부탁했더니, 아주머니가 웃음을 터뜨리는 겁니다. 뭐가 이상한가 싶어 의아한 표정을 짓고 있는데 아주머니에게는 '방귀(へ) 좀 주세요'로 들렸다고 하더군요. 무척 창피한 경험이었지요.

전철 환승 방법을 물어보거나 길을 물어보는 경우에도 당시 도쿄 사람들은 제 말을 알아듣지 못했습니다. 어설프게 말했다가 웃음을 살 것이 두려워서 사람들 앞에서는 입을 다물어버리기 일쑤였지요.

::: 자신만의 억양이 없는 영어는 매력이 없다

저는 초대 사무총장인 트리그브 리 씨 이외의 모든 유엔 사무총장과 만나 보았는데 모두 영어나 프랑스어를 능숙하게 구사하면서도 자국의 억양이 남아 있었습니다. 스웨덴, 미얀마, 오스트리아, 페루, 이집트, 가나, 한국 등 각각 독특한 억양이 담겨 있는 겁니다. 그러나 역대 총장들은 억양 같은 건 신경 쓰지 않고 이성적으로 말하는 것을 볼 수 있었습니다. 원어민만큼 완벽하지는 않더라도 총장이 하는 말의 95%는 누구나 알아들었을 것이고, 총장도 다른 사람의 말의 98%는 이해했을 것입니다.

말이라는 것은 그걸로 충분하다고 저는 생각합니다.

자신만의 억양이 없는 영어에는 매력이 없습니다. 억양에는 각 사람의 정체성이 담겨 있고, 세계화가 가속화되는 현대 사회에서 정체성을 드러내는 것은 오히려 주목할 만한 일입니다.

그런 면에서 일본인은 완벽주의라고 해야 할지, 체면을 중시한다고 해야 할지, 자신의 억양에 지나치게 신경 쓰는 경향이 있습니다. 저도 아키타 사투리가 부끄러워서 꽁무니를 뺀 적이 있었기에 창피를 당하고 싶지 않은 마음은 알지만 주저하는 마음이 있더라도 그것을 극복하고 결과는 말의 내용에 달려 있으니 '자기 나름의 영어 표현하자'는 용기를 가지는 것이 중요하다고 생각합니다.

::: 어학보다도 인간으로서의 종합적인 능력을 키우자

저는 매년 군마현청과 교육위원회의 주최로 우수한 고등학생 10명을 선발해서 국제인을 양성하는 '아카시주크'라는 연수를 책임지고 있습니다. 그곳에서 학생들을 살펴보면 어떤 것에 대해 깊이 생각하는 학생일수록 자신이 사색하는 내용을 말로 표현하지 못하고 전전긍긍합니다.

말하고 싶은데 말솜씨가 부족해서 표현하지 못하는 학생들의 답답함을 저는 잘 알고 있고, 그것을 극복한다면 보다 높은 차원으로 나아갈 수 있을 거라고 생각합니다.

자기 자신 안에 말하려는 내용이 없는 사람은 언어를 공부해 봤자 소용이 없습니다.

영어를 학습하는 동기도 이와 마찬가지가 아닐까요?

무언가 열정적으로 알고 싶은 것, 말하고 싶은 것을 자기 안에 품고 비슷한 것을 전 세계 사람들에게 배우기 위해 외국어를 배우는 것이 도움이 됩니다. 만약 인도 문화에 관심을 가지고 인도 문화에 관한 영어 서적을 독파한다면 영어 실력은 부산물로서 따라오게 될 겁니다.

영어회화에 관해서는 우리는 아무리 애써도 미국의 어린이들이나 영국의 아기들 만큼 잘 할 수 없습니다. 또 그런 공부를 할 필요도 없습니다. 자기 자신에게 제대로 된 교양이 있고 뭔가 열렬히 이야기할 만한 자신만의 세계나 관점이 있다면 설령 영어는 어설플 지라도 듣는 이를 감동시킬 수 있을 뿐 아니라 부족한 영어라도 귀기울여 들어줄 사람이 있을 것입니다.

단순히 즐겁게 영어회화를 할 수 있게 되는 것 '영어 실력을 키우는것'만을 목표로 영어 공부를 하는 사람들도 있는데, 그것만으로는 뭔가 부족하지 않을까요.

사람과 사람 사이의 상호 이해, 이해관계가 걸린 대화를 할 때는 어학 능력도 중요하지만 그것은 어디까지나 부차적인 것입니다. 자신의 지식이나 교양, 세계관, 인생을 대하는 진지함, 그런 모든 것이 어우러짐으로써 발휘되는 인간으로서의 종합적인 능력이 필요하다는 것을 잊어서는 안 될 것입니다.

Tatsuo Motokawa

영어의 벽은
일본과 서양 간의
'사상의 벽'이다

생물학자

모토카와 타츠오 本川達雄

1948년 미야자키현 센다이시 출생. 1971년 도쿄대학 이학부 졸업. 류큐대학 부교수, 미국 듀크대학교 객원 부교수를 거쳐 현재는 도쿄공업대학 교수로 재직 중. 해삼 등의 극피동물 전문가.《코끼리의 시간 쥐의 시간(ゾウの時間 ネズミの時間, 中公新書)》이라는 베스트셀러로 강담사출판문화상을 수상. 그 밖에도《세계 평화는 해삼과 함께(世界平和はナマコとともに, 阪急コミュニケーションズ)》등 다수의 서적을 집필. 또한 보다 친숙한 이과 교육을 위해 '운반책, 혈액', '단백질 탱고' 등 생물학을 테마로 한 노래를 작사, 작곡하여 직접 부른 음반을 출시하는 등의 음악 활동으로도 유명. CD가 포함된 고등학교 생물 참고서인《노래하는 생물학 필수편(歌う生物学 必須編, 阪急コミュニケーションズ)》을 통해 노래하는 교육가로서 활동 중.

생물은 신체 사이즈에 따라 시간의 속도를 다르게 느낀다. 그러한 관점에서 집필한 베스트셀러《코끼리의 시간 쥐의 시간》의 저자 모토카와 타츠오 씨.

학생들에게 생물학의 재미를 알기 쉽게 전하기 위해 강의 내용을 작사, 작곡하여 수업 시간에 직접 부르는 '노래하는 생물학자'로서도 알려져 있다.

모토카와 씨는 일본인 과학자와 영어의 관계에 대해서도 독특한 관점을 가지고 있다. 〈스시 사이언스와 햄버거 사이언스(スシサイエンスとハンバーガーサイエンス)〉라는 논고에서는 일본과 서양의 과학의 차이와 동·서양 간의 사상의 차이를 바탕으로 논함으로써 미국에서 화제가 되었다.

그는 이 논고를 통해 일본과 서양 간에는 '영어의 벽'보다도 뿌리 깊은 곳에 '사상의 벽'이 있으며, 그것을 의식하지 않는 이상 영어의 벽도 극복할 수 없다고 시사하고 있다.

영어라는 주제를 넘어 일본과 서양 간의 비교문화론 그리고 모토카와 씨가 지향하는 과학의 참모습 등에 관한 다양한 이야기 들을 수 있었다.

⠿ '깔끔하고 뚜렷하고 정확한' 이공계 영어를 통해
배워야 한다

저는 '빨강머리 앤'이나 '나니아연대기', '로알드 달' 같은
서양 어린이들이 읽는 책을 좋아해서 고등학교 시절부터 어
느 정도 원문으로 읽었습니다.

그러나 영어의 진정한 재미를 알게 된 건 대학분쟁 덕분
입니다.

대학에 입학하자마자 대학분쟁이 일어나는 바람에 2년 정
도 수업이 없었습니다. 그래서 수학이나 이과 교과서를 혼자
서 공부했었죠.

일본어로 쓰인 교과서는 한결같이 이해가 되지 않았습니다. 그런데 영어로 된 것을 읽으면 척척 이해가 가는 겁니다. 영어 교과서란 게 상당히 두꺼운데요, 두꺼우니까 읽기 어려우냐고 한다면 그렇지 않습니다. 논리가 정확할 뿐 아니라 하나씩 단계를 따라가며 쓰여 있기 때문에 머리에 쏙쏙 들어옵니다. 특히 리처드 파인만의 《Lectures on Physics(ファインマン物理学, 岩波書店)》를 읽고는 물리학의 세계란 이런 것이구나 하고 깨닫게 되어 매우 감격했었죠. 그리고 나도 영어를 잘 읽을 수 있다는 자신감이 생겼습니다.

그것과는 대조적인 이야기이겠지만 고등학교 시절의 영어 부교재 같은 건 정말이지 감당이 안 되더군요. 그도 그럴 것이 버트런드 러셀 같은 걸 읽게 했습니다. 고등학생에게 이해하라고 하는 것이 이상하지 않나요.

게다가 고등학교 영어란 게 마치 '한문'과 같습니다. 어떤 단어가 다른 단어를 수식한다는 등의 내용을 설명하면서 영어 문장을 낱낱이 분해하거나 문장을 뒤집거나 영문에 돌아가기 부호를 붙여서 읽기도 하지요. 그래서는 영어를 읽는다고 할 수 없습니다. 본래 영어를 읽는다는 것은 처음부터 순서대로 줄줄 읽어 내려가면서 읽고 있다는 것을 의식하지 않고도 '하하하, 재미있네'라고 생각할 수 있는 것을 말합니다.

제 생각에는 문과 출신들이 학교 영어를 가르치는 것이 문제라고 봅니다. 문학이나 철학 같은 것은 일본어로 읽어도 해석하기 어렵지 않습니까. 오히려 정서도 아무 것도 포함되지 않은 '1+1=2'와 같이 깔끔하고 뚜렷하고 정확한 이공계 영어 문장을 통해 영어와 친숙해지는 것이 가장 좋습니다. 어째서 초등, 중등 교육에서 그런 것을 가르쳐 주지 않았을까 생각하면 화가 납니다.

::: 대학 기숙사에서 매일 성경을 숙독했다

대학 시절, 저는 우연히 지인의 소개를 받아 무교회(우치무라 칸조의 유파에 속한 기독교)의 학생 기숙사에 들어갔습니다.

저희 집안은 기독교가 아니었지만 대학분쟁 시기였던 데다가 부모님께서도 무교회라면 문제 없다고 생각하신 것 같습니다.

저는 서양을 이해하기 위해서는 성경을 읽어야 한다는 것을 어디선가 읽은 것을 계기로 흥미를 가지고 있었기 때문에 고등학교 시절 신약 정도는 읽었었습니다.

기숙사에서는 상당히 열심히 성경 공부를 했습니다. 하루에 30페이지씩 읽으면 구약, 신약성경을 1년 만에 다 읽을 수 있다는 목표를 세우고 통독을 했죠. 그 다음에는 루터 성경을 읽기 위해 독일어를 공부했고 나중에는 원어 성경도 읽어야 한다며 그리스어도 공부했을 정도입니다.

그와 동시에 스즈키 다이세츠의 선(禪)과 관련된 책도 꽤 읽었고 좌선에 나가 실컷 맞고 오기도 했습니다.

그런 경험을 통해 동서양의 사상이 다르다는 것을 실감하게 되었고 그와 관련하여 여러 가지 사색들을 하게 되었습니다.

::: 스시 사이언스와 햄버거 사이언스

일본 과학자들은 대개 영어를 못하는데, 문제는 영어를 잘하고 못하는 데에만 있는 것은 아닙니다.

저는 성경과 동양 사상에 관한 서적을 자세히 읽는 동안, 문제의 본질은 영어의 벽에 있는 것이 아니라 일본과 서양의 논리의 차이, 나아가서는 사상의 차이에 있다고 생각하게 되었습니다.

서양인들은 물론 그런 것은 생각하지도 않을 것이고 일본인들도 그 차이점에 대해 자각하지 못하고 있었기에 저는 '언젠가 지적이 필요하다'고 생각하고 있었습니다. 그래서 미국 유학 중에 일본과 서양의 과학의 성격과 방법론을 비교하여 논한 〈스시 사이언스와 햄버거 사이언스〉라는 영어 에세이를 쓰고 듀크대학교를 비롯한 미국 각지에서 공개 강연회를 가진 겁니다.

스시는 날 생선을 잘라서 한 입 크기의 밥 위에 올리는 것만으로 완성되는 요리입니다. 어떠한 레시피도 필요 없죠. 그러나 스시 장인이 생선을 자르는 방법 하나, 밥알을 쥐는 방법 하나에 의해 맛은 크게 좌우됩니다. 그러나 일본의 장인들은 나서서 프로의 기술을 주장하는 법이 없습니다. 한 발 물러서서 '요리가 말하게' 하는 것이죠.

반면, 미국 음식의 대표 격인 햄버거나 프랑스 요리 같은 경우에는 보란 듯이 재료를 쌓아 올리거나 조미료를 넣어 조리합니다. 프랑스 요리의 셰프 등은 훈장을 걸고 자부심 가득한 얼굴로 이야기를 늘어놓습니다. 프랑스 요리에서 재료는 '종(從)'이고 요리인의 실력이 '주(主)'인 것이죠. 셰프의 장황한 이야기와 같은 요리라고 해도 좋을 겁니다.

과학도 이와 비슷합니다. 스시, 즉 일본의 과학은 결과를 중시하기에 정밀도가 높은 데이터를 제출함으로써 결과가 말하게 합니다. 다시 말해 결과를 보기만 하면 이 연구의 가치를 알 수 있을 거라고 생각하는 겁니다. 그래서 영어 논문 양식 가운데, 결과를 기록한 후에 등장하는 '디스커션(논의)' 장을 써야 하는 경우 '결과가 나왔는데 더 이상 무엇을 논한단 말인가'라며 고심하는 일본인 연구자들도 매우 많습니다.

한편, 햄버거에 비유할 수 있는 서양의 과학은 결과보다 논의가 중요합니다. 결과는 단순한 사실일 뿐이며, 거기에서 도출되는 개념(이데아)를 중시합니다. 다시 말해 이 결과를 바탕으로 어떤 세상을 만들 것인가를 말로 풀어가는 것이죠. 고작 이 정도의 데이터를 가지고 잘도 이런 장대한 가설을 세우는구나 싶을 정도로 질리게 하는 논문도 꽤 있습니다.

이것이 일본과 서양 사이에 존재하는 '사이언스의 벽'입니다.

물론 어느 쪽이 우수하다고는 말할 수 없겠죠. 햄버거 사이언스는 결과를 경시한 나머지, 공리공론에 빠질 위험성이 있습니다. 반면, 거대한 가설을 세우는 것을 기피하는 스시 사이언스로는 보편적인 이론을 도출하기 어려울 뿐만 아니라 과학을 참신한 방향으로 추진시키는 에너지도 부족합니다.

::: 영어의 벽보다 높은, 엄연히 존재하는 '벽'

　과학의 방법론에서 볼 수 있는 '벽'뿐만이 아니라 일본어와 영어의 문제를 생각해 보더라도 양자 간에는 '논리의 벽'이라는 것이 존재합니다.

　영어권 사람들의 논리는 명확하면서 뚜렷한 한 가지 결론을 도출합니다. 반면, 일본인의 논리는 명확하지도 않고 영어권 사람들의 눈으로 보면 하나의 화제에 대해 뚜렷한 결론을 제시하지 않은 채 다음 화제로 넘어가버리는 것처럼 느껴질 것입니다.

　일본인은 결론을 하나로 정하는 것을 꺼리는 경향이 있습니다. 왜냐하면 '진실은 하나가 아니라는 것'이 일본인의 사상이기 때문입니다. 다각적인 시점에서 복수의 사고방식을 제시한 후, 이런 방향이 좋지 않겠냐고 슬그머니 시사함으로써 나머지 결론은 청자나 독자에게 맡기는 것을 선호하는 것이죠. 이것이 영어권 사람들이 일본인의 말을 애매하게 느끼는 이유입니다.

　이러한 서양의 사고방식의 저변에 깔려 있는 것이 기독교입니다. '진리는 하나'라는 기본적인 생각 하에 언제나 하나의 단순한 진리로 환원해야 한다는 사고방식 같은 것은 유일신교적인 세계관에 근거한 것입니다.

학창시절 기숙사에서 성경에 파고들고 동양 사상도 깊이 체험했던 경험을 통해, 저는 영어의 벽보다도 오히려 근원적인 문제는 일본과 서양의 '논리의 벽' 나아가 '사상의 벽'이 아닐까 생각하게 되었습니다.

자연과학 자체가 서양에서 시작된 것이기에 논문은 당연히 영어로 서양식 논리로 써야 좋은 평가를 받을 수 있습니다. 그러나 일본인들은 그런 사실을 잘 알지 못합니다. 따라서 일본인이 서양인과 대등하게 논의하고 싶다면 영어 실력을 갈고 닦음과 동시에 성경을 통해 서양의 진리관에 대해 배우고 기독교와 또 하나의 서양 사상의 원류인 아리스토텔레스의 논리학을 공부하면서 '소크라테스의 변명'을 읽고 서양식 논리 전개 방법에 대해 알게 됨으로써 사상의 벽을 넘지 않으면 안 됩니다.

그런 후에는 일본인에게 원어민 수준의 어휘력이나 기술력이 없는 것은 당연하니까 서양의 논리에 근거하여 오해가 없도록 영어를 읽고 말할 수 있을 정도로 훈련하면 충분하지 않을까요. 제가 쓴 영어 문장은 '한 눈에 봐도 원어민이 쓴 것은 아니다. 그러나 당신이 쓴 영어 문장에는 나름의 스타일이 있어서 나쁘지 않다'라는 정도의 평가를 받고 있어서 어느 정도 통용되는 수준이라고 할 수 있습니다. 더 이상 영어를 잘하고 싶다고는 생각하지 않습니다.

::: 일본인이 '서양의 사이언스'를 하는 의미

저도 서양에서 기원한 과학으로 먹고 사는 이상, 영어로 논문을 쓰고 서양의 논리에 따르는 시늉을 하지 않으면 안 됩니다.

그러나 실제로는 다양한 유형, 무형의 것들이 존재하며 각기 다른 세계관이 있기에 그것들 사이에 우열을 가릴 수는 없을 것입니다. 전 세계에 각기 다른 사이언스가 있고 유일하다는 뜻의 대문자로 쓰는 'The Science'가 아니라 'sciences'라고 저는 말하고 싶습니다.

서양인이 만든 판에서 씨름을 하게 되면 크게 불리한 상태에서 시작해야 하니 저는 그렇게 하고 싶지 않습니다. 가장 창조적인 것은 스스로 판부터 짜는 것입니다.

일본인인 이상, 저는 일본에 기초를 둔 과학을 하고 싶습니다. 과학은 보편적인 것이니까 어디서 해도 좋고 어디서 하든 마찬가지라고 말하는 사람도 있지만 수학이나 물리와는 달리 생물학은 개개의 생물을 연구 대상으로 하며 그 생물은 토지에 따라 다른 양상을 띱니다. 이와 같이 토착성이 있는 생물학이라면 서양의 과학을 어느 정도 일본 안에 끌어들일 수 있기에 서양의 입장에서는 과학의 판이 확대되는 것이겠죠. 일본인이 서양의 과학을 하는 의미는 여기에 있습니다. 과학의 저변을 넓혀 새로운 가치를 창출하는 것을 'Creativity(창조성)'라고 할 수 있을 겁니다.

우치무라 칸조는 두 가지 J에 관해 이야기했습니다. 바로 'Jesus(예수)'와 'Japan'입니다. 예수를 보편이라고 한다면, 일본은 개별이겠죠. 보편을 일(一), 개별을 다(多)라고 할 수도 있을 것입니다. 영어로 된 과학 논문을 쓰는 것을 직업으로 삼은 지 삼십 여 년, 항상 느끼는 것은 보편과 개별 모두를 소중히 여기는 것이 중요하다는 점입니다.

Keiko Sakai

국제학회가 다가오면
어김없이 악몽을 꾼다

중동 연구전문가

사카이 케이코 酒井啓子

1959년 도쿄 출생. 도쿄대학 교양학부 졸업 후, 일본무역진흥기구(JETRO) 아시아 경제연구소에 입사. 영국 더럼대학교에서 석사 학위 취득. 1986~1989년까지 이라크 주재 일본대사관 전문조사원으로 근무. 1995~1997년까지 카이로 조사원으로서 카이로 아메리칸대학에 부임. 2005년 도쿄외국어대학 교수로 부임. 이라크를 중심으로 페르시아만 각국의 현대 정치, 사회사를 연구. 《이라크, 전쟁과 점령(イラク 戦争と占領, 岩波新書)》, 《후세인 이라크정권의 지배 구조(フセイン・イラク政権の支配構造, 岩波書店)》, 《이라크와 미국(イラクとアメリカ, 岩波新書)》 등 다수의 저서를 집필. 이라크전쟁 이후, TV 및 신문 보도를 통해 중동문제 해설가로서 활약. 아사히신문 서평위원으로 근무하는 한편, 신문·잡지 등에 다수의 칼럼을 게재.

2003년 이라크전쟁 당시, 연일 TV와 신문보도에 등장하여 이라크의 정치사회 및 역사, 문화 등을 포함한 다각적인 관점을 통해 페르시아만을 둘러싼 국제정세를 분석해 온 사카이 씨.

날카로운 시각을 가진 이라크 전문가로서 전 세계의 중동 연구자들에게 인정 받고 있는 사카이 씨도 영어에 대한 트라우마가 있다고 한다.

십 몇 년 전 국제학회에서의 '실수'로 인해 한때는 '히키코모리 상태'에 빠지기도 했다. 그것을 계기로 회사원들과 섞여 영어회화학원에 다니기도 하고 닥치는 대로 영어 교재를 구입해서 필사적으로 영어회화 훈련을 한 과거가 있다고 한다.

영어에 대한 트라우마를 극복하기까지의 여정과 함께 중동 연구와 영어의 이상적 관계에 대해 들어보았다.

::: 나름대로 번역한 팝송 가사

저와 영어와의 관계는 지극히 평범한 중학교 의무교육에서 시작되었습니다. 고등학교에서 영어 수업이 늘어나고 대학 입시를 위해 수험 영어를 공부하는 평균적인 영어 체험이었죠.

암기 과목을 싫어한 저는 굳이 말하자면 영어는 자신 없는 과목이었습니다. 대학 입시 때는 영어 단어를 외우는 데에 남달리 고생했습니다. 그 증거로 암기 지식을 요구하는 사립대학에는 연이어 떨어졌죠. 논술 중심의 입시에서는 점수가 높았던 것을 보면 암기보다는 논리 구조를 쌓아가는 것에 소질이 있는 것 같습니다. 도쿄대학에 진학했지만 입시 때에 영어에 관한 지식을 제대로 쌓지 않았으니 지금도 문법은 허술하기 이를 데 없을 뿐 아니라 어휘력도 떨어집니다.

다만 저는 어학을 좋아하지 않았을 뿐이지 영문학이나 팝송은 좋아했습니다. 제가 대학생이었던 70년대에는 프로그레시브 록이나 펑크가 유행하고 있었는데 저 역시 그런 음악에 푹 빠져 있었답니다. 그런 류의 팝송에는 뜻을 알 수 없는 가사도 많습니다. 가사가 번역된 것을 보면서 '이건 이런 뜻일 텐데'라며 사전을 뒤적입니다. 게중에는 밋밋하게 번역되거나 명백한 오역인 경우도 많아서 제 나름대로 다시 번역해보곤 했죠.

::: 고생의 연속이었던 첫 영어 논문

대학을 졸업한 후 아시아경제연구소에 입사하면서 20대가 끝나갈 즈음에 처음으로 영어 논문을 쓰게 되었습니다. 당시의 세계 정세는 이란 이라크 전쟁이 끝난 직후였는데, 걸프전이 발발할 것이라고는 누구도 예상하지 못한 채, 향후 예측되는 이라크 재건 수요에 대해 일본 및 서양 기업이 관심을 쏟던 시기였습니다.

첫 영어 논문은 고생의 연속이었습니다. 영어 단어가 제대로 축적되어 있지 않았던 탓에 말하고자 하는 내용을 쓴다고 써도 같은 단어를 되풀이하며, 설명하는 유치한 서술 밖에 되지 않는 바람에 매우 답답했습니다. 그런데 다 쓰고 나서 당시 영어를 가장 잘하던 동료 경제학자에게 보여주었더니 의외로 '영어 표현은 괜찮네'라고 하더군요.

그때까지는 영어로 뭔가를 써서 발표하는 일 같은 건 두려워서 상상할 수도 없는 영역이었지만 동료에게 받은 의외의 좋은 평가에 힘을 얻어 '그렇게 겁내지 않아도 괜찮은 걸까'라고 생각하다가 내친 김에 외국어로 학위를 따는 것에 도

전하게 되었습니다. 그렇게 해서 영국의 더럼대학교 석사 과정에 들어갔습니다.

더럼대학교에서는 피터 슬래그렛이라는 중동 전문 연구자의 지도를 받았습니다. 슬래그렛 교수의 논문 지도를 포함하여 해외의 현장에 있을 때, 저는 기본적으로 영어를 사용했습니다. 예전에 이라크나 이집트에 현지 조사를 나갔을 때도 상대방이 아라비아어밖에 하지 못하는 경우에는 아라비아어를 사용하지만, 대체적으로 지식인들은 영어를 사용하고 싶어하는 경향이 있기 때문에 결국 영어로 대화하는 경우가 많았습니다.

아라비아어와 영어 가운데 어느 쪽에 자신이 있냐고 묻는다면 영어가 그나마 낫다고 할 수 있겠지만 그런 영어 실력도 형편 없습니다. 그리고 쓰기는 그나마 좀 나은 편이고 말하기는 비참할 정도입니다. 말하기는 몇 년을 해도 안되더군요. 큰 맘 먹고 영어회화학원에 다닌 적도 있고, CNN 뉴스를 모아 놓은 영어 학습 CD 세트 같은 것에 돈을 허비한 경험도 있습니다. 사실, 제가 영어회화를 배워야겠다고 진지하게 생각하게 된 것은 영어와 관련한 실수 때문이었습니다.

::: 국제학회에서 실수한 경험이 트라우마로 남다

1996년에 이집트의 카이로 아메리칸대학에서 열린 연구 보고회에서 발표를 하게 되었는데, 단상에서 완전히 깨지는 경험을 했습니다. 도중에 울면서 뛰어 나가 집에 가버리고 싶을 정도였죠.

어떻게 된 일인가 하면, 영어 논문을 담담하게 읽어 내려가고 있는데 40분 정도가 지났을 때, 청중석에서 '발표가 좀 길어지고 있으니 요약해서 들려 달라'는 가차 없는 코멘트가 날아 왔습니다. 그 말에 머릿속이 새하얗게 되어서는 할 말을 잃고 멍하게 서 있었던 겁니다. 구두 발표는 처참하게 끝났습니다.

그 경험은 제 인생에 크나 큰 영향을 주었을 뿐 아니라 지금도 강렬하게 남아 있습니다. 일본어였다면 발표 도중에 '너무 길어지고 있다'든지 '어렵다'고 느껴지면, 애드리브로 결론을 먼저 가져오거나 흥미로운 사례를 집어넣는 식의 임기응변이 가능하겠지만 영어로는 자유로운 애드리브가 불가능했습니다. 저는 그 경험으로 인해 철저하게 좌절했고 더 이상 사람들 앞에서는 말하고 싶지 않다는 생각까지 하게 되어 한동안 국제학회에서 발표하는 일은 없었습니다.

저는 그때의 충격을 계기로 영어회화학원에 다니기 시작했습니다. 영어 실력이 향상될 수 있다면 뭐든지 하겠다고 생각할 정도로 필사적이었죠.

영어회화학원에는 토론 수업도 있었습니다. 영어 공부를 좋아하는 일본인 수강생들이 많았는데, 이상하게 생각된 것은 영어를 좋아하는 사람들이라 영어 실력은 있어서 구술 능력은 뛰어나지만 다른 사람에게 들려 줄 만한 알맹이가 없다는 것이었습니다. 그러한 까닭에 말을 할 수도 없고 말을 해도 내용이 없습니다. 그 반대로 저는 이야기해야 할 콘텐츠는 머리 속에 가득한데 영어가 형편없었습니다.

그렇게 쌍방이 다른 상황이었기에 토론 수업은 어려웠습니다. 이래서는 영어 실력 향상에 별로 도움이 되지 않겠다 싶어서 결국 그만두게 되었죠.

⫶⫶ 창피를 겪으면서 조금씩 진보했다

영어에 관한 실패가 원인이 되어 일본에 틀어박혀 지낸 지 1년 후, 이번에는 요르단에서 중동 연구 학회가 열리게 되었습니다. 그다지 마음이 내키지 않았지만 어쩔 수 없이 참석하여 발표를 하게 되었습니다.

저는 두 번 다시 같은 경험을 하고 싶지 않았기에 면밀히 계획된 발표용 원고를 준비했습니다. 원고를 통째로 암기하고 좋지 않은 제 발음으로도 전달될 만한 단어를 선택하고 어느 부분에 숨을 쉴 지까지 정했을 정도입니다.

결국, 이번 발표는 그 전의 발표보다는 몇 단계 발전해서 도중에 할 말을 잃고 멍하니 서 있는 일도 없이 어떻게든 할당된 시간인 20분을 채울 수 있었습니다.

다만 속상했던 것은 아직 국제무대에 익숙하지 않은 탓에 발표에 고저가 없었다는 점입니다. 발표 후 청중의 반응이 '그래서? 말하고 싶은 게 뭔데?'라는 식으로 냉랭했을 뿐 아니라 유명한 거물급 연구자들이 몇 명 참석했었는데 제 발표 도중에 자리를 뜨고 말았죠. 말하자면 재미있을 것 같은 발표는 다들 들으러 오지만 도중에 지루해지면 자리를 뜨고 마는 겁니다. 다음에는 '사람들이 자리를 뜨는 발표'에서 벗어나자는 목표가 생겼습니다.

다음 번 국제학회는 3년 후인 2000년에 독일 베를린에서 개최되었습니다.

그때는 청중이 도중에 사라지는 일은 없었습니다. 목표에는 도달했지만 안타까웠던 것은 제게 대한 청중의 질문이 다른 발표자 때보다 적었다는 점입니다. 제 발표 내용에 대해 강한 흥미를 가지게 하지 못했던 거죠.

그런 후 2005년, 또 다시 요르단에서 이라크 연구에 관한 학회가 열렸습니다.

자화자찬일 수도 있지만 그때는 상당히 좋은 평가를 받았습니다. 특히 서양 쪽 학자들이 아닌 이라크 본국의 학자들이 '서양 학자들이 가질 수 없는 관점으로 잘 알 수 없는 부분까지 파악하고 있다. 훌륭하다'라고 칭찬해 주었습니다. 저는 감개무량해서 '아, 드디어 여기까지 왔구나'라는 감동에 눈시울이 뜨거워졌답니다.

꼬박 10년이 걸렸습니다. 처참하게 깨진 첫 발표로부터 10

년이 걸려 네 번의 국제학회에서 창피를 당하면서 조금씩 진보해 온 겁니다.

저는 지금도 국제학회가 다가오면 악몽을 꿉니다. '청중이 한 명도 없는' 악몽, 아니면 '청중이 가득 자리를 메우고 있는데 집에 가버리는' 악몽, 그리고 참석자로부터 많은 질문을 받았는데 무슨 말인지 몰라서 멍하니 단상에 서 있는 그런 악몽입니다.

반드시 꿉니다. 저는 국제학회가 밉습니다(웃음).

::: 자신의 존재를 어필하지 않으면 '벽의 꽃'으로 끝난다

또 한 가지, 국제학회에서 부담스러운 것이 '중식 시간'입니다.

연구자들이 넓은 행사장에 모여 뷔페 스타일의 중식을 즐기면서 환담을 나누는 것이 일반적인 학회의 중식 풍경인데, 자신의 자리가 정해져 있는 것도 아니고 친구가 있는 것도 아니어서 자기 어필을 하면서 참석자들에게 자신의 존재를 알리지 않으면 반드시 벽의 꽃이 되어 혼자 우두커니 서 있게 되는 겁니다.

일본인이 대거 참석하는 학회라면 끼리끼리 모여 있을 수도 있겠지만, 그것도 보기 좋진 않죠. 저는 묘하게 지는 걸 싫어해서 외국인 참석자들과 섞이기 위해 노력은 합니다. 하지만 결국, 혼자 우두커니 있는 것을 해외에서 온 참가자가 알아차리고는 눈치 빠르게 말을 걸어 주는 일이 많은 편입니다. 그런데 상대방이 저에 대해 알고 있는 정보라고 해 봤자 제가 일본인으로 보인다는 것 정도입니다. 그래서 '최근 일본에서 새로운 수상이 취임했죠?'라든지, 일본에 관한 흔한 화제를 던질 뿐입니다. 그럴 때, 만약 제가 학회에서 뭔가 발표하거나 발언을 했다면 '그때 발표한 사람이구나'하고, 제가 이라크 전문가라는 것을 알아 줌과 동시에 상대방도 자신의 전문 분야에 대해 말하기 시작하면서 이야기가 무르익을지도 모르죠.

따라서 국제학회에서는 중식 시간에 벽의 꽃이 되지 않기 위해서라도 반드시 어딘가의 세션에 참석해서 한두 마디 정도의 재치 있는 질문을 통해 자기를 어필함으로써, 조금이나마 존재를 각인시키는 것이 참석자로서의 철칙입니다. 그러나 다른 연구자들을 제치고 영어로 발언하는 건 당연한 일이지만, 영어에 자신이 없는 일본인에게는 여간 어려운 일이 아닙니다.

::: 영어의 벽과는 다른 '벽'이 일본 안에도 존재한다

저는 국제학회를 경험해 온 덕에 '통하지 않음'으로 인해 주변과 완전히 단절되어 버리는 괴로움에 대해 잘 알고 있습니다.

그러나 빈약한 영어 실력 때문에 국제무대에서 통하지 않는 상황도 괴롭지만 잘 생각해보면, 이라크라는 분야 자체를 연구하는 사람이 많지 않은 일본 국내에서도 제 말은 '통하지 않는 말'입니다.

예를 들어 일본에서 이라크나 아랍에 관해 연구하는 분들과 이야기를 나눌 때도 '음… 이라크가 그렇구나'하고 끝나 버리는 경우도 많습니다. 그런 '이해 받지 못하는 기분'이라고 해야 할 지 '외톨이가 된 듯한 기분'과 반면, 같은 분야의 연구자는 많지만 영어에 구애되어 벽의 꽃이 되어 버리는 상황이 저에게는 그다지 다르게 느껴지지 않습니다. 굳이 어느 쪽이 괴로운지를 선택한다면, 절차탁마할 수 있는 같은 분야의 연구자가 없는 일본 쪽이 더 괴로울지도 모르죠.

중동 연구 분야에서는 저와 같은 비(非)영어권 연구자들도 활약할 수 있는 기회가 많습니다. 그도 그럴 것이, 중동이라는 현장에서 얻은 생생한 지식이나 정보를 '원석'이라고 한다면, 그 가공 방법은 연구자의 수만큼이나 있기 때문입니다. 서양 연구자들이 원석을 가공한 것에 대해 이러니 저러니 하는 것이 아니라, 원석을 다른 형태로 가공한 후에 서양 연구자들에게 '이런 것도 만들어 봤는데요'라고 보여줄 수 있는 겁니다.

영어권에서는 오랜 역사 가운데 끊임 없이 이어지고 구축되어 온 사상이나 사고가 있고, 특히 영국에는 식민지 시대부터 계속되어 온 중동 연구의 흐름이 있기에 영어권 연구자들이 그런 오랜 전통에서 완전히 자유로워지는 것은 필시 어려울 겁니다. 하지만 영어권의 사상에 구속 받지 않는 연구자라면 저 같은 사람도 그렇지만, '재미있는 가공 기술이네요'라고 평가 받게 됩니다. 영어는 왠지 형편없지만 '독특한 관점을 가지고 있군. 우리에겐 불가능한 거야'라고 말이죠.

이것이 중동 연구자로서의 제 정체성입니다.

::: 현지에서는 현지어로 정보를 전달하는 것이 꿈이다

물론 영어 실력만 생각하면 저는 원어민으로 태어난 사람들이 부럽습니다. 어느 시점부터 더 이상 실력이 느는 것을 포기하고 말았거든요.

제 나름대로 조금씩 '영어의 벽'을 마주하는 방법을 학습했고 또한, 같은 분야 연구자들은 제 영어가 형편없다는 것을 알면서도 연구 자체의 독특함을 인정해주기에, 지금에 와서 굳이 영어 실력을 갈고 닦아야겠다는 열의도 퇴색되었습니다.

게다가 중동 연구와 영어의 관계를 생각했을 때 영어가 반드시 전문성에 가장 가까운 언어인 것도 아닙니다.

물론 세계화가 가속되면서 학술업계의 세계 공통어가 영어가 된 것은 자명하니까, 영어를 통해 중동 정세를 논하는 것은 필수겠죠.

그러나 더욱 이상적인 것은, 역시 저는 아라비아어로 자신의 연구를 해야 한다고 생각합니다. 아라비아어 논문을 발표하고 그걸 읽은 아라비아어 원어민 학자들이 '당신의 논리는 옳다'고 인정하지 않는 한, 그 지역을 전문적으로 연구하는 사람으로서의 사명을 완수했다고 보기는 어렵겠죠. 그렇기 때문에 학술업계를 영어로 통합하면 그만이라는 단순한 결론은 결코 옳지 않습니다.

실제로 터키에 관해 연구하는 일본 학자들은 터키어로 논문을 써서, 터키 서점에 터키어로 된 책을 내고 있습니다. 그리고 그 책을 서양에 있는 터키 연구자들이 읽는, 그런 세계가 구축되고 있는 거죠. 대단히 멋진 일입니다.

또 하나의 예로, 아라비아어를 매우 잘하는 수단 연구 전문가인 쿠리타 요시코라는 학자는 수단에서 쓴 논문을 아라비아어로 번역해서 이집트 카이로에 있는 서점에 출시했는데, 그 책이 베스트셀러가 되었습니다. 수단 사람을 만나면 '쿠리타 씨에 대해 아세요? 그 책을 쓴 쿠리타 씨를 만나고 싶어요'라는 말을 반드시 듣습니다.

참 대단하죠? 이것이야말로 저의 궁극적인 목표이자 꿈입니다. 학계에서는 영어로 논의하지만, 최종적으로는 이라크 사람들에게 '이 책 괜찮은데'라고 평가 받는 아라비아어로 된 책을 쓰고 싶습니다.

Tetsuro Matsuzawa

영어가 서툴러도
훌륭한 연구는 모두
마른 침을 삼키며 듣는다

동물심리학자

마츠자와 테츠로 松沢哲郎

1950년, 에히메현 출생. 1974년에 교토대학 문학부 철학과를 졸업. 같은 대학 대학원에 진학한 후, 1976년, 교토대학 영장류연구소 조교로 근무. 1978년부터 침팬지의 지성에 관해 연구하는 '아이 프로젝트'에 참여. 2000년에는 침팬지 모자에 관한 연구를 시작. 인간의 심리와 행동의 진화적 기원에 관해 연구하는 '비교 인지 과학'이라는 새로운 학문 영역을 개척. 1993년에는 영장류연구소 교수가 되었고 2006년에는 연구소 소장으로 취임. 중국 티벳의 시사팡마봉(8027m) 등정에 성공하는 등 산악인으로서도 알려짐. 저서로《엄마가 된 아이 침팬지 모자와 문화(おかあさんになったアイ・チンパンジーの親子と文化, 講談社)》,《진화의 이웃, 사람과 침팬지(進化の隣人 ヒトとチンパンジー, 岩波書店)》등 다수.

컴퓨터 스크린에 흩어져 있는 1~9까지의 숫자를 작은 순서대로 손

가락으로 가리킨다. 이것은 침팬지의 이야기이다.

'천재 침팬지'로서 미디어에도 종종 등장하는 아이 그리고 아들

아유무의 지성에 관해 연구함으로써 인간의 심리 및 행동의 진화

에 관해 탐구하고 있는 마츠자와 테츠로씨.

일련의 연구 성과는 국제 저널의 최고봉이라 불리는 《Nature》에

두 번에 걸쳐 게재되었다.

마츠자와 씨가 영어와 마주하는 방식은 단순하다.

과학자에게는 실제의 연구 성과가 전부이다. 영어가 서툴러도 성

과 그 자체가 모든 것을 말해 주기에, 전 세계가 귀를 기울이는

것이다.

학문을 하는 이유가 이 세상 삼라만상에 대한 깨달음을 얻고자 하

는 충동에서 비롯된 이상, 영어로 인해 좌절할 시간 같은 건 없다.

훌륭한 연구 실적을 통해 과학계의 발전에 공헌해 온 최고의 연

구자이기에 가질 수 있는, 확신에 찬 영어관에 대해 들어보았다.

::: 인도에서는 영어 실력에 따라 다른 대접을 받는다

저는 이학박사이지만, 원래는 교토대학 문학부 철학과를 졸업했습니다. 대학에서는 산악부에 가입해서 연간 120일 정도는 등산에 몰두했었죠.

대학교 4학년 시절, 교토대학 학사산악회 회원 15명으로 구성된 히말라야 원정대의 일원으로 갔던 저는 인도 네팔에서 영어와 관련된 첫 체험을 했습니다. 인생에서 영어를 처음으로 사용한 곳이 해가 저문 뉴델리였죠.

당시 이미 선발대가 네팔로 건너가 있었고, 몇 개월 후에 본대가 오기로 된 상황이었는데, 기다리는 동안 저는 필요한 자금을 운반하는 임무를 맡게 되었습니다. 혼자서 많은 현금으로 가지고 조마조마했습니다. 아마 고슴도치 같이 바짝 긴장했을 겁니다.

저는 6개월 전부터 온갖 지식과 능력을 동원해서 히말라야 등반을 위한 짐을 꾸렸습니다. 15명의 대원과 15명의 셰르파의 100일치 짐이었습니다. 식료품만 5톤 무게에 다 합치면 10톤이나 되었죠. 아침, 점심, 저녁 식사 메뉴를 미리 짜 두고 필요한 식료품을 모아서 포장하고 세관에 제출할 신청 서류를 모두 영어로 작성해야 했습니다. 대학교 4학년인 저 혼자서 해야 했으니 상당히 어려운 작업이었던 거죠.

다만 교토대학 산악부로서는 이미 일곱 번째 원정이었기에, 선배들이 기록한 메모나 보고서를 읽고 그대로 따라했습니다. 영어 서류를 작성하는 방법 등도 꼼꼼하게 기록하여 정리해 놓았더군요.

하지만 막상 현지에 도착하니, 특별한 교육을 받은 적도 없는 지극히 평범한 일본 대학생일 뿐이었습니다. 제대로 된 영어도 못하고요. 인도 사람들이 잔뜩 몰려들어서는 큰 소리로 떠들어 대는데, 처음에는 무슨 말을 하는지도 몰랐습니다.

그래도 짐을 꾸리는 일에 비하면, 사람과 커뮤니케이션을 하는 정도는 아무 것도 아니죠. 비행기 표를 구하기 위해 항공회사와 협상을 해야 했는데 그럭저럭 말은 통하더군요.

다만 그때 놀란 것은 인도에서는 영어를 잘하느냐 못하느냐에 따라 상대방의 태도가 완전히 다르다는 점이었습니다. 영어가 유창한 사람에게는 정중하게 대응하지만 말을 못하면 적당히 대응해버립니다.

::: 대학교 2학년 까지 4가지 어학을 이수하다

산악부에 가입하면 산에 있는 날이 연간 120일 정도 됩니다. 그렇게 지내다 보니, 학부가 어디냐는 질문에 '산악부입니다'라고 대답하기도 했었죠(웃음).

제가 대학에 입학한 해는 대학분쟁으로 인해 만 1년 간 학교가 폐쇄되었던 해였기 때문에 1학년 때부터 제한 없이 산에 다녔습니다. 바리케이드가 치워지고 수업이 재개된 이듬해부터는 산악부 우선의 스케줄에는 변함이 없었지만 산에 가지 않는 날은 가능한 한 수업에 출석했습니다.

2학년 때, 3학년이 되면 무엇을 전공할지를 정하기 위한 오리엔테이션이 있었습니다.

저는 고등학교 시절부터 학문을 하면서 일생을 보낸다면 필시 행복할 거라는 생각이 있었고, '플라톤이나 아리스토텔레스와 같이 모든 학문의 조상 격인 철학을 한다면, 학문을 하면서 살 수 있지 않을까'라는 생각에 철학과를 선택하게 되었습니다.

그러자 교수님께서 말씀하시더군요. '서양 철학을 공부하고 싶으면 2학년 때 독일어, 프랑스어, 그리스어, 라틴어를 반드시 이수하십시오'라고 말입니다. 너무 심하지 않습니까? 어느 정도로 무지막지한 말인가 하면, 보통의 대학생들은 1학년 때 영어, 프랑스어, 독일어 중에서 두 가지를 선택해서 이수하면 되는데, 철학과 학생은 그 두 배의 어학을 배워야 한다는 겁니다.

그것보다 더 놀라웠던 건, 그런 것을 무난하게 해 버리는 학생들이 적지 않았다는 사실입니다. 독일어회화 수업에서 독일인 교사와 이미 대등하게 대화를 나누는 학생이 있기도 했으니까요. 교토대학은 무시무시합니다. 약간의 어지러움을 느낀 경험이었습니다.

::: 3권짜리 서양철학사 책을 영어로 통암기하다

대학원 입시 전 1년 동안은 영어로 된 철학 원서를 깊이 있게 읽었습니다. 저는 심리학 전공이었지만 심리학 전공도 철학과 내에 포함되어 있었기 때문에 공통 시험을 치러야 했습니다. 당시 교토대학 대학원의 영어 입시 문제는 상당히 어려웠는데, 교토대학의 전통인 실증주의에 입각한 것이라고 할 수 있습니다. 교재를 원어로 읽지 못하면 의미가 없다는 거죠.

사전을 가지고 들어가는 것은 허락되지 않았습니다. 그래서 서양철학사 책 3권을 통째로 암기했습니다.

그런데 시험이 시작된 후, 문제를 훑어보고 알게 된 것은 그것이 영어라는 것과(웃음) 스피노자라는 인명이 나온다는 것뿐이었습니다. '더 이즘(theism)'이라든지 '어 더 이즘(atheism)'이라고 쓰인, 발음조차 모르는 키워드가 여러 번이나 등장했던 터라 이걸 모르면 풀 수 없겠다 싶었지요. 하지만 제 인생 가운데 그런 단어를 만난 적이 한 번도 없는 걸 어떻게 합니까.

그런데 두 시간이라는 시험 시간 동안 몇 번이고 계속 읽다 보니, 행간을 통해 갑자기 단어의 뜻이 유추되면서 답은 유신론과 무신론이라는 것을 문맥을 통해 이해하게 되었습니다. 실제로 그 단어는 '씨이즘'이라고 읽습니다.

철학에 등장하는 영어는 통암기를 해도 그 의미를 알 수 없습니다. 철학에는 논리가 내포되어 있기 때문에 '읽고 해석하는' 작업이 필요합니다. 과학 논문도 논리적이지만 굉장히 단순합니다. 20대 초반에 철학 교재를 읽는 훈련을 한 덕분에 저는 영어의 기초 체력을 다질 수 있었고, 그 경험에 비하면 과학 분야의 영어 논문을 읽고 쓰는 것은 아무 것도 아니었다는 생각이 듭니다.

::: 자신의 논문이 《Nature》에 실린 것은 아이 덕분

저는 이 세상이 어떻게 이루어져 있는지 알고 싶고, 이 세상 삼라만상에 대한 깨달음을 얻고 싶다는 마음에 철학을 지망했습니다. 그리고 지금도 학문을 하고 있습니다.

교토대학 철학과에 들어가고 산에 오르게 되면서 서적만을 읽는 철학이 제가 원하던 철학은 아니라는 것을 느꼈습니다. 제가 마주하고 싶은 것은 산에 오르는 동안 제 눈 앞에 펼쳐지는 이 바위, 이 구름, 이 눈이었지, 흰 종이 위에 까맣게 쓰인 글자가 아니었습니다.

그런 생각을 하고 있을 때 만나게 된 것이 바로 철학과 내의 심리학 연구, 특히 시각에 관한 심리학이었습니다.

인간은 눈으로 보면서 뇌라는 기관을 통해 이 세상을 인식하는데 인간이 이 세상을 안다는 것은 과연 무엇을 말하는가, '안다는 사실을 아는 것'을 대상으로 연구한다면 필시 재미있을 것이라고 생각하게 되었죠.

대학원에서는 쥐의 시각과 뇌에 관해 연구했고 석사 졸업 후, 교토대학 영장류연구소 조교가 되었습니다. 그로부터

1년 후에 침팬지 아이를 만난 거죠.

제가 처음 쓴 학문적인 영어 논문은 1985년에 《Nature》에 게재되었습니다. 아이에 관한 연구 성과를 정리한 〈Use of numbers by a chimpanzee〉라는 논문입니다.

영어 논문으로 고생한 경험이요? 사실 그런 기억 같은 건 거의 없습니다. 영어 논문을 읽는 것이 일상생활이었던 터라 쓰는 것도 자연스럽게 되더군요. 후에 학생들을 지도하는 입장이 되었을 때 저는 학생들에게 최대한 많은 논문을 읽고, 이 표현은 자신의 논문에도 사용할 수 있겠다고 생각되는 부분을 마커로 표시해 두는 것이 좋다고 조언했습니다. 저는 그렇게 하지 않지만, 표현을 카드에 적어 두는 것도 좋을 겁니다.

처음 쓴 영어 논문이 게재되었을 때는 사실 무척 기뻤습니다. 1985년 당시 《Nature》라고 하면 지금과는 달리 일본인은 연간 몇 명밖에 게재하지 못하던 시절이었으니까요.

그때 저는 아라비아 숫자라는 알기 쉬운 미디어를 이용하여, 연필을 보여주면 침팬지가 그 수만큼 숫자로 대답한다는 것을 증명했습니다. 《Nature》에서 제 논문을 채택한 것은 침팬지가 숫자를 이해한다는, 전 세계의 누구도 알지 못했던, 상상도 하지 않았던 사실이라는 데에 임팩트가 있었기 때문입니다.

연구자 중에는 일차적으로 작성한 자신의 논문을 원어민에게 보여주고 교정을 부탁하는 경우가 많은데, 그 논문은 원어민의 체크를 받지 않았습니다. 지금 읽어보면 영어가 이상할지도 모르죠(웃음). 논문이 게재된 것은 어디까지나 아이라는 침팬지 덕분이라고 할 수 있습니다.

::: '바닐라 아이스크림'를 사는 것은 어려웠다

아이에 관한 논문을 발표한 후 30대 중반, 만 2년 동안 미국의 펜실베니아대학교에서 유학하며 '마음 이론' 연구의 창시자로서 유명한 심리학자인 데이비드 프리맥 교수에게 가르침을 받았습니다.

학식이 깊은 분이었기에, 제 영어가 부족해도 하나를 이야기하면 열을 이해해 주었습니다. 교수님과 대화한 후에는 많은 생각을 하며 고뇌하느라 밤을 지샌 적도 있었지만 그것은 영어 표현이 떠오르지 않아서 겪는 고민이라기보다는, 그때 교수님이 그렇게 말했을 때 더 날카롭게 파고들면 좋았을 걸 이라든지, 내가 전하고 싶은 진짜 내용은 이것이었는데 라는 학문 자체로 인한 몸부림이었던 적이 더 많았습니다.

영어와 관련된 부끄러운 체험은 일상생활에서 경험했습니다.

아이들을 데리고 아이스크림 가게에 갔는데 바닐라 아이스크림을 못 샀습니다.

Vanilla, 바닐라라는 발음이 잘 되지 않더군요.

또, 제가 살던 필라델피아 교외의 도시에서 뉴욕 맨해튼에 있는 콜롬비아대학교에 편지를 보내야 했었는데 우체국에서 'Manhattan'이라는 말을 못 알아듣지 뭡니까(웃음).

그래도 그런 경험은 제 발음이 세련되지 못한 것 뿐이었지 지적 능력에 문제가 있는 건 아니니까 그걸 가지고 끙끙 앓는다든지 하는 일은 없었습니다. 영어라는 것은 커뮤니케이션을 위한 도구에 지나지 않으므로 틀릴 때마다 고쳐나가면 된다고 생각합니다.

::: 일본과 서양의 가치관의 차이

저는 오히려 영어밖에 못 하는 영어 원어민에게도 약점이 있다고 봅니다.

유럽에서 열리는 국제회의에서 회의 종료 후에 환담 시간 같은 것이 이어질 경우, 주로 화제의 중심이 되는 인물의 모국어에 맞춰 대화가 이루어집니다. 예를 들어 프랑스어로 대화하거나 독일어로 대화하기도 하는 거죠. 가벼운 멀티 랭귀지를 사용하게 됩니다. 상대방의 말을 잘 이해하려면 그 사람의 언어에 맞추는 것이 좋은데, 그런 조절 능력이 없다는 점에서 미국인은 불리합니다. 언어뿐만이 아니라 영어만을 사용하고 자란 사람의 시야나 가치관의 다양성에는 한계가 있습니다.

저는 일본인으로서의 사고방식이나 가치관이 제 연구를 독특하면서도 독창적인 것으로 만든다고 느낍니다.

예를 들어 저는 매일 일본에 있는 한 아이, 아유무와 시간을 보내면서 함께 생활하는 가운데 중요한 발견을 하게 됩니다만, 서양 연구자들의 시선으로 보면 이상할 정도로 침팬지와의 거리가 가까운, 침팬지에 녹아 드는 것 같은 연구자라고 생각될 겁니다.

서양에서 침팬지는 검고 큰 원숭이 이상의 무엇도 아닙니다. '인간과 동물'이라는 이분법이 너무나 명확하게 존재하는 거죠. 바로 기독교적 세계관입니다.

반면, 윤회전생도 받아들이는 일본인의 생명관으로는 '자신은 개가 될 수도 있고 벌레가 될 수도 있다. 또한 이 벌레가 내세에서는 인간이 될 수도 있다. 그러니까 인간과 동물을 차별할 필요는 없다. 실제로 인간도 동물이니까 살아 있는 온갖 생명이 연결되어 있는 것이다'라는 것을 비교적 자연스럽게 받아들이지 않습니까.

서양식 접근법으로는 침팬지 새끼를 어미에게서 억지로 떼어낸 후, 인간의 가정에서 키우면서 동일한 환경에서 자란 침팬지와 인간을 관찰하는 식의 연구가 되어 버립니다. 그러나 그것은 이종 생물 가운데 던져져서 불안감을 느끼며 필사적으로 살아가는 침팬지의 모습을 관찰하는 것이지, 본래 어미 품에서 자란 새끼의 자연스럽게 자라 가는 모습을 관찰하는 것이 되지는 않습니다.

저희 프로젝트와 같이 연구자 자신이 침팬지의 일상생활에 참여하여 거기에서 볼 수 있는 부모와 자식의 관계를 관찰하는 '참여관찰'이라는 연구 방법은 서양의 발상으로는 좀처럼 나오기 어렵습니다.

::: 영어로 인해 주저할 시간은 없다

'학교 영어는 안 된다'라는 말을 자주 듣습니다만 저는 그렇게 생각하지 않습니다. 자신의 경험을 돌이켜 보더라도 언어는 통암기가 제일입니다. 중·고등학교 시절에 학교 영어를 통해 마구잡이로 어휘력을 쌓았던 것이 상당히 도움이 되었습니다. 학교 영어는 안된다고 말하는 사람은 아마도 학교에서 제대로 공부하지 않았던 사람일 겁니다. 그리고 현지에서 생생한 영어를 체험하는 것도 통암기와 마찬가지로 중요하겠죠.

다만, 과학 분야의 경쟁은 영어 학습보다 훨씬 앞 단계에서 일어납니다. 학문의 세계에서 가장 중요한 것은 독특하면서도 독창적인 실제의 연구 성과입니다. 자기보다 영어를 못하는 사람은 미국 내에도 지천으로 있습니다. 영어를 못한다는 것 자체는 아무런 문제도 되지 않습니다. 영어는 서툴러도 훌륭한 연구 성과가 있으면 모두 마른 침을 삼키며 듣습니다. 귀를 기울여서 말입니다.

학생들에게도 종종 이야기하지만 한 편이라도 논문을 쓴

후에 외국 유학을 하는 것이 좋다고 봅니다. 훌륭한 논문이 단 한 편만 있어도 주위 사람들이 내 이야기에 귀를 기울여 줍니다.

또, 철저한 목표를 가지는 것도 중요하겠죠. 그 목표를 향해 전진할 수 있을 정도의 체력과 지성을 겸비하고 활시위를 당길 수 있는 데까지 당겨본 후, 어느날 결연한 의지로 나가면 됩니다. 제 경우, 처음으로 인도 네팔로 떠날 때에 히말라야 8000미터 첫 등정이라는 확실한 목표가 있었습니다. 지금껏 밟아 보지 못한 그 산의 정상에 오르고야 말겠다는 목표였죠. 그 목표가 있었기에 모든 힘과 능력을 쏟아 부을 수 있었던 겁니다.

지금도 그렇습니다. '침팬지가 이 세상을 어떻게 바라보는지 알고 싶다. 침팬지에 대해서라면 뭐든지 알고 싶다. 인간에 대해 알고 싶다'라고 생각합니다. 목표가 확실하다면 영어로 인해 주저할 시간 같은 건 없습니다.

Satoshi Furukawa

관제탑 지시에 대한 반사신경은 원어민을 따라갈 수 없다

우주비행사

후루카와 사토시 古川 聡

1964년, 가나가와현 요코하마시 출생. 도쿄대학 의학부에서 박사 학위를 취득. 같은 대학 의학부 부속병원 제1외과학교실에 근무. 병원 마취과, 외과에 근무하면서 소화기외과 임상 및 연구에 종사하던 중, 우주비행사 모집 뉴스를 보고 어릴 적부터 간직하고 있던 우주에 대한 동경심이 재연. 1999년 2월, NASDA(지금의 JAXA)에 의해 ISS에 탑승할 일본인 우주비행사 후보자로 선정. 2001년 1월, 우주비행사로 확정, 2006년 2월, NASA에 의해 MS(탑승 운용 기술자)로 확정. 2008년 12월, ISS 제28차 및 제29차의 장기 체류 승무원인 플라이트 엔지니어로 임명되어(체류 시기는 2011년 봄경부터 약 6개월 간) 현재, 장기 체류를 위한 훈련을 실시 중.

2008년 12월, 국제우주정거장(ISS)의 장기 체류 승무원인
플라이트 엔지니어로 임명되면서 첫 비행이 결정된 후루카
와 사토시 씨.

2011년 봄경부터 약 6개월에 걸친 장기 임무에 임하게 된다.
인류의 우주 비행에 관한 역사는 반세기를 넘지만 우주비행
사에게 주어지는 임무는 아직도 생사를 가르는 위험과 직면
하는 일이다. 그만큼 우주 공간에서는 우주비행사의 팀워크
및 의사 전달을 위한 '말'이 무엇보다 중요한 의미를 가질 것
임에 틀림없다.

우주 공간에서는 어떤 영어가 오가는 것일까.

그 답을 얻기 위해 도쿄에 있는 우주항공연구개발기구(JAXA)
를 방문했다. 안내를 받은 곳은 대형 TV 모니터가 있는 한 사무
실이었다. 미국 휴스턴에 위치한 NASA에서 훈련을 받고 있는
후루카와 씨가 TV 모니터에 등장한다고 했다. 이곳 시간은 이
른 아침이지만 화면 건너편은 전날 저녁이다. 이윽고 약속 시
간에 정확하게 맞춰 후루카와 씨가 사람 좋은 온화한 미소를
띠고 화면에 등장했다.

::: 어릴 적부터 영어와 친숙한 환경에서 자랐다

▸▸ 우선, 후루카와 씨가 영어에 흥미를 가지게 된 계기에 대해 들려 주세요.

제 경우, 어릴 적부터 영어와 친숙한 환경에서 자랐습니다. 그 이유는 부모님이 팬아메리칸월드항공 직원이었기 때문입니다. 두 분다 지상근무이긴 했지만 영어를 사용하는 직장이었기에 초등학생 때부터 어머니에게 영어를 배웠습니다.

그리고 또 한 가지, 유치원에 다닐 때 아버지가 일본인이고 어머니가 미국인인 혼혈인 친구가 같은 반에 있었습니다. 미국에서 태어나고 자란 그는 어느날 갑자기 가족 모두가 일본에 와서 살게 되었는데, 일본어를 잘하진 못했지만 아이들이기 때문에 커뮤니케이션에 고도의 언어는 필요 없었습니다. 장난감을 빌려주고 받는 동안에 자연스럽게 의사소통이 되더군요. 그 후, 그 친구와는 초등학교 때도 같은 반이 되었고 지금도 연락을 주고 받는 사이입니다.

이처럼 어린 시절부터 이런 문화 체험 덕분에 저는 일본인과 외국인 사이의 벽을 느끼지 않게 되었는지도 모릅니다.

▸▸ 그럼, 학창 시절의 영어 성적은 좋았나요?

음, 보통입니다(웃음). 그 친구와는 특별히 영어로 대화하던 것도 아니었으니까요.

다만, 대학 입시 때까지 영어는 좋아하는 과목 중 하나였습니다. 중·고등학교를 다니던 가나가와, 가마쿠라의 에코가쿠엔이라는 학교가 영어 교육에 상당히 열심이어서 일본인 선생님이 영문법을 가르치고 미국인이나 독일인 선생님이 영작문 등을 가르쳐 주셨기 때문에 열심히 공부했습니다.

::: 국제학회에서의 영어로 인한 쓰라린 경험을 원동력 삼다

대학생이 된 후, 의사가 되기 위해 특수한 의학용어를 외워야 했는데 그것에는 조금 애를 먹었습니다. 일반적으로는 배우지 않는, 예를 들어 'renal(신장의)' 같은 의학용어를 필수적으로 외워야 했습니다.

또한 영어 읽기, 쓰기는 그다지 문제 없었지만 '듣기', '말하기'에 관해서는 의사가 된 이후에 쓰라린 경험을 했죠.

1995년이었던 것으로 기억합니다만 국제학회에 참석하여 발표를 하게 되었습니다. 사전에 이야기할 내용을 정리해서 몇 번씩이나 읽는 연습을 한 후에 어느 정도의 자신감을 가지고 단상에 섰습니다. 실제로 발표가 끝났을 때는 스스로 느끼기에도 잘했다는 느낌이 들었습니다.

그런데 청중석의 질문을 받는 시간에 심하게 당황을 하고 말았습니다.

당시 질문을 했던 사람은 제가 발표한 내용에 대한 감상을 말했는데, 말하다 보니 기분이 고조되었는지 점점 속도가 빨라지기 시작했습니다. 저는 알아들을 수가 없었습니다. 많은 사람의 주목을 받으면서 질문에 제대로 답변도 못 한 채 실로 괴로운 시간이 지나갔습니다.

저도 무대 위에서 흥분했던 탓이겠죠. 나중에 동료에게 확인해보니 그 동료는 질문자의 의도를 이해하고 있더군요. '이렇게 답하면 될 걸'이라는 말을 듣고, 그게 또 이중 쇼크가 되었죠.

▸▸ 영어를 싫어하게 될 수도 있었던 체험이었네요.

네, 매우 충격적이었습니다.

다만, 자신감을 잃고 도망치는 것이 아니라 그 일로 탄력을 받아 영어를 제대로 공부해야겠다고 마음먹은 것은 다행한 일입니다. TOEIC이나 TOFLE 문제집을 사와서 공부를 시작했습니다. 또한 영어회화 CD를 들으면서 몇 번씩 큰 소리로 반복하는 등 듣는 능력과 말하는 능력을 키웠습니다.

::: 우주비행사 양성 기초훈련은 철저한 어학 훈련

▶▶▶그 후에 후루카와 씨는 국제우주정거장에 탑승할 일본인 비행사에 지원하게 됩니다. 우주비행사 선발시험 당시의 영어 실력은 어느 정도 수준이었나요?

　그때 학회에서 창피를 당한 것을 계기로 공부한 덕분인지 모르겠지만 어느 정도는 괜찮았던 것 같습니다. 다만 저보다 영어를 잘하는 지원자는 많았습니다. 제가 응모한 해에 지원자가 아마도 850명 정도 몰렸을 겁니다. 영어 시험이 끝난 후, 남은 지원자가 200명 정도였습니다.

▶▶▶국제우주정거장에 탑승할 우주비행사 후보자가 된 이후의 훈련에서는 어학 수업이 많다고 들었는데요. 어떤 수업인가요?

　국제우주정거장에 탑승할 우주비행사 후보자 기초훈련의 4분의 1에 해당하는 약 400시간은 어학 수업입니다. 정거장 내의 공용어인 영어와 러시아에서 있을 훈련에 대비하여 러시아어 수업이 실시됩니다. 영어는 쓰쿠바시 훈련소에 미국인 원어민 선생님을 초빙해서 일대일로 매주 수업을 받았습니다.

영어 프리젠테이션 방법에 관한 수업도 있어서 저는 두 가지 프리젠테이션 방법에 관해 배웠습니다. 하나는 완성도 높은 원고를 작성한 후, 그것을 효과적으로 발표하는 방법입니다. 또 하나는 그 자리에서 주어진 테마에 관해 애드리브로 발표하는 것인데 두 가지 모두 어려웠습니다. 그리고 우주비행사가 되는 훈련의 일환으로 비행기 조종도 하기 때문에 특수한 항공 영어도 외워야 했습니다. 선생님이 플라멩코 댄서라는 독특한 경력을 가지고 있기도 했고 언제나 웃음이 끊이지 않던 수업이어서 매우 즐겁게 영어를 배울 수 있었습니다.

▸▸▸ 와카타 코이치 우주비행사가 가장 고생한 것이 영어였다고 하는데요. 후루카와 씨는 어땠나요?

예, 와카타 씨와 마찬가지로 저도 고생했습니다.

우선, 영어 수업을 하기 전에 매번 교재를 수십 페이지씩 읽고 예습을 해야 하는데 원어민 만큼 빨리 읽을 수가 없는 겁니다. 또 복습에도 시간이 걸립니다.

게다가 우주왕복선이나 우주정거장 모의장치에 앉아서 실시하는 훈련도 모두 영어로 이루어집니다. 어떤 이상이 발생했다는 가정 하에 무슨 일이 발생했는지를 판단하고 어떻게 대응해야 하는지 관제탑의 지시를 받으면서 절차서에 따라 조작합니다. 그러나 관제탑 지시에 대한 반사신경은 원어민을 도저히 따라갈 수 없습니다. 그런데 실제 임무에서는 몇 초가 늦어짐으로써 중대한 실수로 이어지는 경우도 있기 때문에 몇 번이고 연습하면서 반응 속도를 높여가야 합니다.

예를 들어 T38제트 연습기의 후부 좌석에서 비행 훈련을 받는 경우, 관제탑의 지시어를 리드백합니다. '이륙을 허가합니다'라는 지시가 내려졌을 때는 '이륙 허가', '이륙 중지, 그 자리에서 대기 바랍니다'라는 지시가 내려졌을 때는 '이 자리에서 정지합니다'라는 식으로 지시를 그대로 따라 함으로써 이 쪽이 제대로 들었다는 것을 나타낼 필요가 있습니다.

그 정도의 지시면 괜찮겠지만, 예를 들어 '어떤 방향으로 어느 정도의 고도로 날아간 후, 라디오 교신 주파수를 얼마로 변경하시오'와 같은 숫자가 포함된 많은 정보가 담긴 지시일 경우, '몇 도 방향으로, 고도 몇 피트로, 몇 헤르츠 주파수에 맞춥니다'라고 영어로 명확하게 대답하는 것은 매우 어려운 일입니다. 그런 것은 몇 번씩 되풀이함으로써 익숙해질 수밖에 없었습니다.

::: 다국적 팀의 임무는 '차이'를 인정하는 것이 전제다

▸▸ 훈련이나 실제 임무에는 영어나 러시아어가 모국어가 아닌 다양한 국적을 가진 사람들이 관여하게 되는데요. 언어나 배경이 다른 사람들을 대할 때는 어떤 요령이 필요한가요?

국제우주정거장에서는 미국, 러시아, 일본은 물론이고 캐나다, 독일, 프랑스, 이탈리아, 스웨덴 등 세계 15개국이 임무를 수행하고 있어서 각국의 임무를 짊어진 사람들이 모여 있습니다. 그 속에서 원활한 커뮤니케이션을 하기 위해서는 자신의 방식을 상대방에게 강요하는 것이 아니라 서로의 언어나 자라온 문화가 다르다는 것을 전제로서 인정하고 나아가 상대방을 존중하는 태도를 가져야 합니다.

겸양을 으뜸으로 여기는 일본인에게는 그리 어렵지 않은 일일 수도 있겠지만, 그저 모든 것을 수용하는 것이 아니라 때로는 미국인처럼 적극적으로 자신의 의견을 주장해야 하는 경우도 있습니다.

▶▶▶ 후루카와 씨 자신도 그와 같은 상황에 놓인 적이 있었나요?

물론 많습니다. 예를 들자면 2007년 8월, 미국 플로리다 주 앞바다 해저 약 20미터에 있는 해저 시설인 아쿠아리우스에서 NEEMO(니모)라고 하는 극한 환경 임무에 참여했습니다.

해저 환경을 우주 공간이라고 가정하고 10일 동안 해저의 극한 환경 속에서 생활하는 훈련인데, 훈련과 병행하여 실시하는 과학실험으로 구성원들의 하루 동안의 타액 샘플을 채취해야 했습니다. 아침에 일어난 직후에 채취하고 30분 후, 3시간 후, 6시간 후 등 이렇게 샘플을 채취하는 시간은 정해져 있었습니다. 그러나 동시에 선체 밖에서 잠수활동을 하는 중요한 임무도 있었기 때문에 그것이 샘플을 채취하는 시간과 겹칠 가능성이 있었던 겁니다. 어느 쪽을 우선시할 것인가를 두고 다 함께 이야기했습니다.

그때는 임무가 중요하므로 과학실험을 희생시킬 수밖에 없다는 의견이 다수를 차지했죠. 하지만 의사이기도 한 저는 정기적으로 샘플을 채취하는 일의 중요성에 대해 이해하고 있었기에 그 의견에는 반대하면서 임무 사이사이에 해저에서 올라와서 잠깐 쉴 수 있는 장소까지 샘플 채취 장치를 운반한 후, 채취하기 쉬운 쪽으로 조정하면 되지 않겠냐고 주장한 겁니다. 임무 진행 상황에 따라서는 정확한 시간에 샘플을 채취할 수 없을지도 모르지만 채취하지 않는 것보다는 나으니까 가능한 한 최선을 다하자고 설득했고 결국 제 의견에 따라 실행되었습니다.

::: 우주비행사를 이어주는 '말'과 '신뢰관계'

▸▸ 그런데 이 영상통화 장비는 지금 같은 언론 취재 이외에도 빈번하게 사용되나요?

　네, 일본 직원에게 일상적인 업무 연락을 하거나, 향후 임무에 관해 회의를 할 때 사용합니다.

▸▸ 사실 저는 영상으로 대화를 나누는 것이 처음입니다. 제 말이 몇 초씩 늦게 그 쪽으로 전달되는데 아직도 어리둥절하군요.

　그렇죠. 같은 일본어로 이야기하더라도 익숙해지려면 시간이 필요한 거죠.

▸▸ 사전에 질문 내용을 전달했다면 좋았겠지만, 후루카와 씨가 저의 갑작스런 질문에도 매우 적절하게 답변해 주시는 걸 보면 이것도 우주비행사만의 커뮤니케이션 기술인 듯 합니다.

　그렇습니다. 우주비행사는 생각하는 것을 가능한 한 입 밖으로 내서 정확히 표현하는 것이 무엇보다도 중요합니다. 상대방에게 자신의 의사를 확실하게 전달하지 않으면 어떤 오해가 발생할지 모르기 때문이죠. 말이라는 것은 우주비행사에게는 중요한 커뮤니케이션 도구입니다. 이심전심의 신뢰관계가 있다고 해도 '말하지 않는 것이 덕이다'라는 식으로 넘어가는 일은 되도록 피하는 것이 좋습니다. 굳이 말이 필요하지 않고 '상식적으로 생각하면 이렇지'라고 할 수 있는 경우에도 태어나 자란 나라나 언어가 다르다면 상식 그 자체가 전혀 다른 것인 경우가 종종 있습니다. 오해의 위험성을 조금이라도 없애기 위해서 우주비행사는 생각한 것을 명확한 표현으로 말하도록 훈련합니다.

▸▸▸모두가 각자의 생각을 주장하다 보면 의견이 모아지지 않아서 화가 나는 경우는 없나요?

개인적으로는 한 번도 없습니다. 각자 다른 것이 당연하니까요.

대립하는 것은 어디까지나 의견이지 인격의 대립은 아닙니다. 인간으로서는 서로가 서로를 인정하는 가운데 행동 또는 생각의 차이가 발생하는 것 뿐입니다. 그런 건 대화를 통해 해결하면 그만이죠.

▸▸▸ 만일의 경우인데요, 감정이 폭발해서 동료와 싸우게 된다면 어떻게 하실 건가요? 영어로 싸우는 건 쉽지 않을 것 같은데요.

그럴 때는 일본어로 화를 내면 되지 않을까요? '나쁜 자식!'이라고 하면 상대방도 기가 꺾일 것 같은데요. 감정이 반드시 언어로만 전달되는 것은 아니니까요. 다행히 저는 그런 말을 해야 했던 경우가 한 번도 없지만 말입니다(웃음).

참고로, 진지하게 대화하는 가운데 커뮤니케이션을 원활하게 하기 위해 유머를 사용하는 것도 중요합니다. 훈련 중에는 웃음이 끊이지 않습니다. 제 경우, 의식적으로 영어로 농담을 해서 웃기는 게 아니라 생각한 것을 말한 것뿐인데 '웃기다'든지 '개그스럽다'는 반응으로 돌아와서 현장 분위기가 화기애애해지는 경우가 많습니다.

▸▸▸ 후루카와 씨는 우주비행사이기 이전에 의사였는데요, 의료 현장에서의 팀 작업 경험이 우주 개발 현장에서 도움이 되기도 하나요?

네, 크게 도움이 됩니다. 팀워크라는 점에서 두 가지 일은 비슷합니다.

예를 들면 환자의 생명이 걸린 수술에서 중요한 작업을 할 때, 한 사람에게만 그것을 맡기는 것이 아니라 다른 스태프들도 그 작업을 확인하게 합니다.

그것은 우주정거장 안에서도 마찬가지로 조종사가 스위치를 조작하거나 지휘관이 중요한 명령을 키보드에 입력할 때, 다른 스태프가 그것을 주시하면서 'Good switch'라든지 'I see it'이라고 목소리를 내어 동의합니다. 올바른 스위치나 올바른 명령을 입력했는지를 여러 개의 눈으로 확인하는 것이죠.

인간은 완벽하지 않아서 아무리 우수한 인간이라도 실수를 하게 됩니다. 그것을 전제로 우주 개발 현장에서도, 병원 안에서도, 실수를 미연에 방지하기 위해 팀을 중심으로 하는 시스템 구축이 철저하게 이루어지는 것입니다.

우주의 경우에는 영어, 병원의 경우에는 의학용어라는 공통의 언어를 사용하는 의사소통과 스태프 간의 신뢰관계에서 생기는 팀워크가 두 현장 모두 중요합니다.

∷ '영어의 벽'은 지식과 경험으로 보완

▶▶▶ 우주비행사 선발시험에 합격한 후, 영어에 빠져 산지 7년이 지났습니다. '영어의 벽'을 지금도 느끼시나요?

그건 지금도 느낍니다.

친한 원어민과 얘기하다 보면 공통적으로 알고 있는 사실이나 개념은 생략되고 말이 빨라지는 경우가 종종 있습니다. 그러다 보면 상대방이 무슨 이야기를 하려고 하는지 이해되지 않는 경우도 있죠.

하지만 그러한 벽은 영어에 한정된 경우는 아니라고 생각합니다. 예를 들어 미국 휴스턴에서 훈련 생활에 집중하고 있는 저에게는 일본 젊은이들과 대화를 하는 데에 큰 벽이 있다고 느껴집니다. 옛날 대학 시절, 외과 회의에 처음 참석했을 때는 외과 전문용어를 전혀 알아듣지 못해서 당황하기도 했었죠.

언어의 벽은 어디에나 있습니다. 벽에 맞서기 위해서는 그 분야에서 실제로 사용되는 말을 많이 듣고 말을 하면서 지식을 키워나가고 주위와의 공통적인 인식을 두텁게 하는 것이 중요하지 않을까요. 만약 모르는 말이 나오더라도 지식이나 경험으로 보완해서 의미를 막연하게나마 예상할 수 있게 되는 겁니다.

▸▸▸ 마지막 질문입니다. 다시 태어난다면 영어 원어민이 되고 싶은지요?

다시 태어나는 건 한 번만 가능합니까? 한 번 정도라면 그것도 괜찮겠네요(웃음).

그러나 꼭 그렇다고만은 할 수 없습니다.

영어를 유창하게 구사한다는 점에서는 부러움을 느낄 때도 있습니다. 저는 영어와 러시아어 공부를 매일 계속하고 있지만 훈련을 통해 어학을 익혀봤자 평생 걸려도 원어민처럼 될 수는 없습니다.

그래도 한편으로는 어학을 배움으로써 자신이 모르던 문화도 함께 배울 수 있었습니다.

예를 들어 영어 문장은 중요한 것을 먼저 말한 후에 이유를 말하는 것이 특징입니다. 사람을 설득할 때 '나는 이렇게 생각한다'고 의견을 표명한 후에 'because'라는 접속사를 붙이고 그 이유를 두세 가지 드는 것이 일반적이지만 일본어는 정반대입니다. 우선, 이유를 말한 후에 마지막에 결론을 말합니다. 따라서 일본어로 생각한 것을 영어로 직역하게 되면 미국인들의 귀에는 변명을 늘어놓는 것처럼 들릴지도 모릅니다.

저는 일본어와 영어 모두를 알고 있기에 이와 같은 비교가 가능하지만 영어만 사용하면서 살아가는 사람들이 영어의 특징을 발견하는 것은 어렵지 않겠습니까. 그러니 저에게는 고유의 문화를 가진 일본인인 채로 살면서 원어민 정도로 영어를 할 수 있게 되는 것이 이상적입니다.

▸▸▸ 매우 즐거운 대화였습니다. 감사합니다.

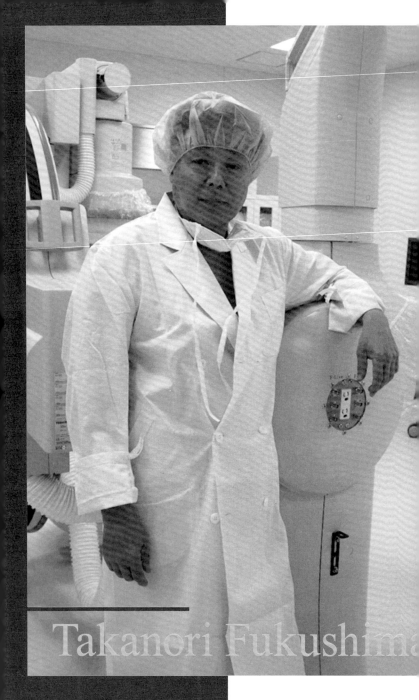

Takanori Fukushima

'나는 일본식 영어를 구사한다'는 신조를 고수해 왔다

뇌신경외과의

후쿠시마 타카노리 福島孝徳

1942년, 도쿄 출생. 도쿄대학 의학부 졸업. 독일 유학을 거쳐 1978년, 도쿄대학 부속병원 뇌신경외과의가 되었고 1980년, 미쓰이기념병원 뇌신경외과 부장으로 취임. 두개골에 1엔 동전 크기의 작은 구멍을 뚫고 현미경을 사용하여 환부를 절제·봉합하는 '열쇠구멍수술(키홀 오퍼레이션)'을 확립. '초미세 뇌외과 수술'이라 불리는 이 방법을 통해 기존의 개두 수술에 비해 환자의 부담이 크게 경감되면서 전 세계 환자들로부터 절대적인 지지를 얻게 됨. 그러나 임상보다는 논문의 수나 인맥으로 의사의 자질을 평가하는 일본 의학계에 대한 의문을 가지게 되어 48세의 나이에 미국행을 단행. UCLA를 거쳐 서던 캘리포니아대학교 의료센터의 뇌신경외과 교수로 부임. 현재, 뇌신경외과의 최고봉이라 불리는 듀크대학교에서 뇌신경외과 교수로 활동 중. 2007년에는 일본 국내 활동 거점인 '후쿠시마타카노리 기념 클리닉'(지바현, 모바라)을 설립. 수술을 위해 전 세계를 누비며 후진 양성 및 새로운 수술기구 개발 등에 매진하고 있음.

Takanori Fukushima

세계 제일의 의료 수준을 자랑하는 미국의 의료 관계자들로부터 '신의 손을 가진 남자'라는 찬사를 받고 있는 뇌외과의 후쿠시마 타카노리 씨. 본인이 직접 확립한 '열쇠구멍수술' 방법을 통해 집도한 뇌외과 수술 건수는 2007년 현재 2만 건을 돌파했다. 지금도 전 세계에서 500명 이상이 후쿠시마 씨의 집도를 기다리고 있다고 한다.

18년 동안 미국의 다섯 개 대학병원을 거점으로 뇌외과 수술에 임하면서 환자와 병원 스태프가 모두 원어민인 환경에서 일해 온 후쿠시마 씨에게 '영어의 벽'을 느끼는 경험이 있었을까?

또한 의사소통 시의 사소한 실수가 생명을 좌우할 수도 있는 의료 현장에서 영어와 어떻게 마주했을까?

이러한 궁금증을 가지고 있던 중, 수술을 위해 일본을 찾은 후쿠시마 씨를 만나 이야기를 들을 수 있었다.

하지만 아침부터 밤까지 빠듯한 스케줄로 활동하는 후쿠시마 씨를 만날 수 있는 시간은 이동 시간뿐이었다. 이른 아침, 도쿄 도내의 호텔 로비에서 만나 오전 수술을 위해 병원으로 향하는 택시 안에서 이야기를 나누었다.

약속 시간, 로비에 나타난 후쿠시마 씨는 빠른 걸음으로 '자, 빨리 갑시다'라며 택시로 발걸음을 재촉했다.

■
■
■

⠿ 더듬거리는 재패니즈 잉글리시라도 문제없다

▸▸후쿠시마 선생님은 어떤 식으로 어학 공부를 하셨나요?

30세 때, 2년 간 독일 유학을 갔었습니다.

의학을 하려면 미국에 가야 한다고 생각하겠지만, 지도 교수님이 처음에는 유럽에 가서 배워 오라고 하셨죠. 최첨단 기술이 있는 것은 미국이지만 문화의 뿌리는 유럽이라며 독일을 추천해 주셨습니다.

독일어는 대학교 때 제2외국어로 이수했지만 능숙하게 구사할 정도의 수준은 아니었습니다. 그래서 유학 가기 3개월 전부터 철저히 공부했습니다. '뒷일은 어떻게든 되겠지' 하고 말이죠.

실제로 어떻게든 되더군요. 일본에서 하던 책상머리 공부는 별로 도움이 되지 않았고, 현지에서 동료 의사들이나 간호사들과 살아있는 독일어로 대화하다 보니 자연스럽게 커뮤니케이션이 가능해졌습니다. 2년 후에는 독일어로 연설까지 했습니다.

그 후, 48세에 미국으로 이주했는데 그때는 영어 공부를 하지 않았습니다.

▸▸▸ 젊지 않은 나이에 미국행을 결심하고 영어를 사용하는 생활을 시작하는 것은 쉽지 않았을 것 같은데요.

48세에 미국에 간 이후, 18년 간 미국에서 생활하면서 저는 미국 각지에 있는 대학병원에서 뇌외과 수술을 해오고 있습니다만 영어로 인해 힘들었던 적은 없습니다.

아니, 아무 어려움 없이 유창하게 말할 수 있었던 것이 아니라 오히려 그 반대입니다. 저는 원어민처럼은 말하지 못합니다. 제 영어는 떠듬떠듬 단어를 연결하는 정도의 재패니즈 잉글리시이니까요. 일본인인데 일본인의 얼굴을 하고 영어나 독일어를 거침없이 말하는 게 오히려 이상하지 않나요?

영어 원어민과 이야기할 때는 처음에 이렇게 양해를 구하면 됩니다.

'I am Japanese. you, please try to understand my Japanese English, please. (전 일본인입니다. 제 일본식 영어를 잘 들어주시기 바랍니다. 부탁 드립니다)' 또는 'I hope you would understand my Japanese English, please. If you don't understand, please let me know. (당신이 저의 일본식 영어를 알아들을 수 있으면 좋겠지만, 만약 이해되지 않는다면 말해 주세요)'라고 말이죠.

또한 말하고 싶은 단어가 떠오르지 않을 때는 'One moment', 'Let me think', 'Give me time'이라고 한 후에, 천천히 생각하면서 말합니다.

지금 제 발음을 들어보시면 알겠지만 저는 18년 간 이런 어설픈 재패니즈 잉글리시로 계속 의사소통을 해왔습니다. 그래도 아무 문제 없었습니다. 부끄러워 할 것도 없습니다. 재패니즈 잉글리시, 재패니쳐 도이치, 자포네 프랑세이면 충분합니다. 자신이 생각하고 있는 것이 다른 사람에게 전달되면 되면 족한 거죠. 일본인이니까 '나는 일본식 영어를 구사한다'는 신조를 고수해 왔습니다.

▸▸▸ 일본식 영어로 말함과 동시에, 상대방의 원어민 영어를 알아듣는 것도 중요하겠죠?

물론입니다. 외국인과 대화하면서 가장 힘든 것은 상대방의 말을 알아들을 수 없는 경우입니다. 확실히 듣는 데에는 신경을 집중해야 합니다.

제가 미국에 갔을 때, 병원 내에서 사용하는 휴대전화와 같은 것이 없었기 때문에 원내 방송으로 'Dr. Fukushima, please call~'이라고 호출하곤 했습니다. 그런데 처음에는 그 소리조차 알아듣질 못했습니다. 하는 수 없이 방송이 있을 때마다 가까이에 있는 사람에게 'Can you get announcement? (방송 들려요?)'라고 물어보곤 했지요.

::: '모르면서 아는 척하는 것'만은 금물

▶▶ 의료 현장에서는 잘못된 의사소통 하나가 환자의 생명을 좌우하는 사고로 이어질 우려가 있을 것 같은데요. 어떤 점을 유념하면서 영어를 사용하시나요?

진료 현장에서 무엇보다 중요한 것은 의사소통의 정확성입니다. 우선, 잘못된 내용이 전달되어서는 안 되기 때문에 환자가 하는 말을 이해할 수 없는 경우에는 원어민 스태프가 옆에서 통역을 해주기도 합니다.

제가 환자에게 이야기할 때도 상대방이 제대로 이해하고 있는지 하나하나 확인하면서 이야기하는 것도 중요합니다. '당신은 이런 어려운 질병을 앓고 있고 이런 수술을 받아야 한다. 그런데 거기에는 이런 리스크가 있다'라는 중요한 설명을 하는 거죠.

가장 해서는 안 되는 것은 모르면서 아는 척하는 것입니다. 그것만은 해서는 안 됩니다. 모르면 모른다고 설명하고 몇 번이고 되물어야 합니다.

'I'm sorry. I didn't understand. Please speak slowly,

use easy word. (죄송합니다. 못 알아듣겠습니다. 쉬운 말로 다시 천천히 말씀해 주세요)'라든지, 'I am Japanese. Unfortunately I don't understand your English. Can you write down? (저는 일본인입니다. 죄송하지만, 영어를 못 알아듣겠습니다. 종이에 써 주시겠습니까?)'라고 말한 후에 글로 의사소통을 할 수도 있습니다.

모를 경우에는 거기에 맞는 대책을 세우는 것이 중요합니다. 그렇게 하다 보면 '닥터 후쿠시마는 영어를 못하니까'라는 식으로 주변 사람들도 제게 맞춰 주게 됩니다. 저와 대화를 할 때는 정확하고 알기 쉬운 말로 이야기하려고 노력하는 거죠. 그런 일이 쌓이다 보니 저도 차츰 영어에 익숙해지면서 스태프와 문제 없이 의사소통을 할 수 있게 되었습니다.

▸▸▸ 주변 사람 모두가 맞춰 준다는 건 누구도 따라올 수 없는 기술을 가지고 있다는 점도 한 몫 했겠지요?

뇌외과는 말이죠, 혼자 싸우는 전쟁입니다. 팀 플레이를 중요시하는 심장외과와는 대조적이죠. 심장외과에도 물론 스타 플레이어는 필요하지만 그것만으로는 부족해서 제1조

수, 제2조수, 이식 코디네이터와 같은 지원 팀이 잘 꾸려지지 않으면 환자의 생명을 구할 수 없습니다.

뇌외과는 수술하는 의사 한 사람의 실력에 의해 환자의 운명이 결정됩니다. 그러니까 스포츠에 비유하자면 심장외과는 농구, 축구, 야구이고 뇌외과는 골프인 셈이죠.

미국에서도 제가 수술하는 것을 한 번 보면 모두 입을 다물어 버립니다. '닥터 후쿠시마는 영어는 형편없지만 실력 하나는 굉장하다'라고 말입니다. 오히려 말은 필요하지 않습니다. 자신이 가진 기술을 보여주면 됩니다. 자신의 일에 자신감을 가져야 하겠죠.

::: 미국에서 절대로 해서는 안 될 말

그 밖에, 의료 현장에서 영어를 사용할 때 유의하는 점이라면 제게도 과거 여러 번의 실패 경험이 있습니다만, 그 상황의 감정만으로 심한 말을 해서는 안 된다는 점입니다.

특히 뇌외과는 사람의 생명이 달려 있기에 인턴 등에게 엄격한 질책을 하게 되는 경우도 있습니다. 하지만 절대로 싸움을 해서는 안 됩니다. 토론은 유익하지만 절대적으로 avoid fight(싸움은 피해야 합니다). 뭐든 똑 부러지게 말하는 것이 미국식이라고 생각하는 것은 큰 착각으로 미국에서 절대로 해서는 안 될 말이라는 것이 있는 겁니다.

예를 들어 마취과 사람이 실수를 했다고 가정했을 때 'You made a mistake. (실수했군요)'라고 말해서는 안 되겠죠. 그 다음부터는 마취를 할 때 심각한 인적 마찰이 발생합니다. 또한 상대방에 대해 'angry'한 상태라고 한다든지 'unhappy'라고 한다든지, 그런 말을 사용하는 것도 피해야 합니다.

그런 경우에는 'I am uncomfortable. (조금 위화감이 듭니다)'라든지 'This condition, I feel I have difficulty to accept. (이 상황, 저는 좀 받아들이기 어렵습니다)'라는 식으로 말할 수 있겠죠. '모든 것은 말하기 나름'입니다.

다시 말해 영어 표현에는 '어조의 강약'이 있어서 원어민이 아닌 일본인은, 예를 들어 'uncomfortable'과 'unhappy' 중 어느 쪽이 어느 정도 강한지를 감각적으로 알 수 없습니다. 보다 부드러운 표현을 사용할 수밖에 없는 거죠.

영어에는 한 마디로 상대방에게 상처를 입힐 수 있는 말도 있으니까요. 절대적으로 나쁜 것은 'You stupid. (바보냐?)'이라든지 'idiot. (멍청한 놈)' 같은 말입니다. 그런 말한 마디로 인간관계가 붕괴되어 버리는 경우가 있습니다. 그런 말을 사용하는 사람은 프로로서 신뢰를 얻을 수 없겠죠.

▸▸▸사람의 생명을 좌우하는 심각한 상황에서는 의사들의 호통 소리가 오갈 것 같다고 생각했는데 그렇지 않나 봅니다.

음… 그러면 안 됩니다. 저는 항상 도쿠가와 이에야스가 되어야겠다고 생각합니다.

무슨 말인가 하면 리더가 가져야 할 태도에 대해 미국인에게 설명할 때 저는 이런 비유를 자주 들려줍니다.

'일본에는 세 명의 유명한 Shogun(장군)이 있다. 한 사람은 오다 노부나가인데, 그는 매우 어그레시브한 성격으로 무슨 일에든지 적극적이면서 강한 면모를 내세우는 타입이다. 또 한 사람은 도요토미 히데요시로 매우 명석하면서 권모술수에 능한 사람이며 사람을 조종하는 능력이 뛰어나다. 세 번째는 도쿠가와 이에야스로 참을성이 많고 난국에도 동요하지 않는다. 자리를 지키며 기다리는 자세를 흐트러뜨리지 않는 사람이다.'

여기까지 설명한 후에 '성미가 급한 나는 오다 노부타가 타입의 인간이다. 하지만 결국 성공하는 것은 도쿠가와 이에야스 타입의 리더라고 생각하기 때문에 도쿠가와처럼 행동하기 위해 늘 자신을 다잡는다'라고 설명합니다.

의료 현장에서 누군가의 실수로 인해 발목이 잡히는 매우 화가 나는 경험을 하는 경우, '이 녀석, 가만 두지 않겠다'며 맹렬하게 화를 내다가도 '도쿠가와처럼 행동하자, 도쿠가와처럼 행동하자'라고 생각하면서 인내한 후, 하루 정도 시간이 지난 다음에 냉정한 태도로 말하려고 노력하고 있습니다.

▸▸▸ 택시가 병원에 도착한 것 같네요.

어렵게 여기까지 왔는데 수술도 보고 가시죠.

▸▸▸ 그래도 되겠습니까?

네, 들어갑시다. 백의를 가져올 테니 갈아입으세요.

::: 3세부터 살아있는 영어를 접해야 한다

▶▶ (수술을 마친 후) 매우 흥미로운 수술이었습니다. 세 개의 수술실에서 동시에 이루어지는 수술을 선생님이 방을 오가면서 감독하시는군요.

네, 이 방법으로 하루 평균 5명, 많을 때는 10명 가까이 수술합니다. 뇌외과 수술 과정은 쉬운 경우 5단계, 어려운 경우 10단계 정도 됩니다. 단계에 따라 확인하면서 제가 아니면 안 되는 어려운 상황에서는 직접 집도합니다.

미국에서도 마찬가지입니다. 웨스트버지니아대학교에도 세 개의 수술실이 있습니다. 듀크대학교에는 한 개가 있는데, 오전과 오후로 나눠 두 건씩 집도하고 있습니다.

미국의 의료 수준은 대체적으로 높은 편이지만, 미국에는 저희 후쿠시마타카노리 기념 클리닉의 의사들 만큼 몸을 던져서 일하는 의사는 없습니다. '인간은 두세 시간에 한 번은 쉬어 주지 않으면 정신적, 육체적 집중력이 떨어지면서 오히려 능률이 떨어진다'는 이상한 구실을 만들어서 수술 도중, 아무렇지도 않게 쉬기도 합니다.

▸▸▸ 오후에 회진을 하신 후, 저녁에는 강연회가 있다고 들었습니다. 그리고 내일도 아침부터 수술이고요.

제 달력에는 여가가 없습니다. 월월화수목목금금, 일주일에 8일 일한다는 마음으로 살고 있죠. 유일한 낙은 비행기 안에서 눈을 붙이는 정도입니다. 이동 중에 수술할 일은 없으니, 책을 읽거나 음악을 듣기도 하고 그것도 지겨울 때는 잠에 몸을 맡기는 순간이 최고의 휴식 시간입니다.

▸▸▸ 그렇게까지 열정적으로 활동하실 수 있는 원동력은 무엇입니까?

아마도 환자들에게 감사의 소리를 듣는 것 외에는 없을 겁니다. 그들의 기쁨의 소리를 듣는 것을 행복으로 생각하면서 살고 있습니다. 제게 오시는 분들은 거의 대부분이 다른 의사가 포기한 분들이기 때문에 깨끗하게 수술을 마무리했을 때의 기쁨도 그만큼 크고, 환자들의 기대에 부응했다는 사실에 보람을 느낍니다.

그래도 매일매일 하루의 마지막에는 그 날을 되돌아보며 이렇게 자문합니다. '나는 정말 100% 일을 완수했는가?'라고 말입니다. 자신 있게 대답할 수 있는 날은 하루도 없습니다. 100% 완벽하게 일할 수 있는 것은 신밖에 없으니까요. 우리 인간이 아무리 최선을 다한다 한들 할 수 있는 것은 고작 99% 정도입니다.

▸▸▸ 환자들을 구하고자 하는 사명감이라든지, 자신의 기술에 대한 절대적인 믿음에 관한 이야기를 듣고 나니 영어의 벽 같은 건 하잘 것 없는 것으로 여겨집니다. 영어에 자신이 없는 사람들에게 해주실 조언이 있다면 부탁 드립니다.

만일 영어가 유창하게 되길 원한다면 어릴 적부터 시작해야 합니다. 가능하다면 초등학교에 입학하기 전부터 영어와 친숙해지는 것이 좋겠죠. 3세 정도의 어린 유치원생에게 원어민과 이야기할 수 있는 기회를 마련해 주는 것이 가장 좋습니다. 그 시기가 지나면 머리가 굳어져 외국어를 순수하게 받아들일 수 없게 됩니다. 어릴 때에 모국어인 일본어만을 철저하게 가르쳐야 한다는 생각은 이상한 겁니다. 예를 들어 벨기에에서 자란 사람들은 영어, 독일어, 프랑스어를 못 하면 친구와 원만하게 지낼 수 없습니다. 7개 국어나 8개 국어를 구사하는 사람도 흔히 볼 수 있죠. 그것이 유럽 문화입니다.

그런 환경이 어학 실력을 키워 주는 겁니다.

두 번째 조언은 우선, 문법을 잊어버리라는 겁니다. 영어를 문장으로 말하는 것을 그만두십시오. 주어가 무엇이고 3인칭 주어니까 동사는 이렇게 바뀐다는 식으로 머리로 생각하면 안 되고 'Today, good weather! (오늘, 날씨 좋네요!)' 이렇게 단어를 나열하는 것만으로도 충분합니다.

또 한 가지, 앞에서도 얘기했지만 일본인으로서의 자긍심을 가지고 재패니즈 잉글리시로 말하십시오. 자신이 말을 할 때 '나는 일본식 외국어를 구사한다'는 전제를 세우는 겁니다.

예전에 오히라 마사요시 수상이 영어로 발표를 한 일이 있었습니다. 서툰 발음이었죠. 유엔에서는 영어를 못하는 아프리카 사람들이 자국의 억양이 강한 영어로 당당하게 이야기합니다. 그래도 뜻은 통합니다. 저는 한 번도 영어를 잘하고 싶다고 생각해 본 적이 없습니다. 일단은 '뜻이 통하면 된다' 그 생각뿐입니다.

후기

12인 12색의 인터뷰는 각각의 전문가들이 겪었던 영어에 관한 개인적인 체험을 시작으로 다양한 방향으로 이야기가 자유롭게 전개되어서 그 사람의 영어교육론과 언어관 나아가 과학관, 인생관까지 엿볼 수 있었다.

이와 같은 다채로운 수확을 통해서 일본인과 영어의 관계에 대한 한 가지 해답을 얻은 것 같다.

일본에서 태어나고 자란 일본인이 원어민처럼 영어를 구사하는 것은 어렵다. 그러나 서투르고 억양이 이상해도 자기 자신의 영어에 대해 '이 정도면 충분하지 않은가'라는 당당함을 가지고 상대방이 알아들을 만한 영어를 말할 수 있다면 그걸로 족하다.

이번에 이야기를 들려 준 모둔 분들이 영어와의 전쟁을 통해 희로애락을 겪으면서, 일본인인 자신의 영어 실력의 한계를 알고 그 한계 속에서도 영어를 대하는 법을 익혀 가며 자기 나름의 영어에 대한 당당함을 가지게 된 경험을 가지고 있었다. 영어를 아름답고 유창하게 말하는 것이 아니라 그런 당당함을 가지는 것은 확실히 '영어의 벽을 넘어서는 것'임에 틀림 없다. 그리고 그러한 갈등을 거친 후에 구사하는 개성 넘치는 일본인의 영어가 참으로 아름답다는 생각이 들었다.

처음에는 인터뷰에 난항을 겪었다. 취재 요청을 수락하는 사람이 없었던 것이다. 그도 그럴 것이 실체도 모르는 인도의 한 회사로부터 어느날 갑자기 '영어에 관한 실패담을 듣고 싶습니다'라는 요청을 받고 예스라고 답할 수 있는 것이 신기한 것이다. 나는 노벨상 수상자부터 닥치는 대로 취재 요청을 했지만, 모조리 거절당하거나 무시를 당하는 바람에 아이디어를 낸 이후 6개월 이상 헛발질만 하다가 포기할 뻔한 적도 있었다. 그런데 처음으로 요로 타케시 씨가 취재를 수락한 것이다.

나는 '출장'이라는 명목으로 일본에 귀국했다. 도쿄 시나가와역 앞에 있는 호텔 로비에 홀로 불쑥 나타난 요로 씨는 3시간 가까운 긴 시간 동안 이야기를 들려 주었다. 내가 할 수 있었던 것은 커피 한 잔을 사는 것 정도였다.

나카무라 슈지 씨가 취재를 수락했을 때는 회사 측의 여비 지원을 받아 미국 로스앤젤레스로 날아갔다. 나카무라 씨가 근무하는 캘리포니아대학교 산타바버라캠퍼스는 로스앤젤레스에서 200킬로 정도 떨어진 곳에 있었는데, 시내에 있다고 착각하는 바람에 미아가 되어 인터뷰 시간보다 6시간이나 지각한 일을 생각하면 지금도 낯이 뜨거워진다. 나카무라 씨는 나를 배려해서 로스앤젤레스로 돌아가는 비행기를 알아봐 주었을 뿐 아니라 비행장까지 배웅해 주었다. 우에노 치즈코 씨는 자택과 연구실에 직접 초대해 주었다. 후쿠시마 타카노리 씨는 중요한 수술 현장까지 볼 수 있게 해주었다.

주위에 민폐를 끼치는 돌격형 취재였음에도 불구하고 이 책에 등장하는 모든 분들, 앞서 말한 4명을 비롯하여 타케나카 헤이조 씨, 반도 마리코 씨, 아사노 시로 씨, 아카시 야스시 씨, 모토카와 타츠오 씨, 사카이 케이코 씨, 마츠자와 테츠로 씨, 후루카와 사토시 씨 등 이 모든 분이 바쁜 시간을 할애하여 아무런 대가도 바라지 않고 처음 보는 나를 위해 자신의 인생 이야기를 들려 주었다. 나는 이 분들이야말로 진정한 교육자라는 확신이 들었다. 이렇게 후기로밖에 감사할 수 없는 것이 안타깝다.

또한 눈에 보이는 수익으로 이어지는 것도 아닌 취재에 대해 지원을 아끼지 않은 회사에도 감사를 표현하고 싶다. 요로 씨가 처음으로 'OK'라고 수락했을 때 '재패니즈 그레이트 닥터를 만나러 가고 싶다'는 나의 어리숙한 설명 하나만 듣고 '좋아. 그럼, 다녀와봐'라며 등을 떠밀어 준 쉐라드 미딸 사장님의 넓은 아량에 자부심을 느낀다.

인도에서 일하기 시작한지 2년이 지났다.

영어로 하고 싶은 말을 하지 못해서 속상해하며 울었던 나도 최근에는 영어 때문에 침울해지는 일은 없어졌다. 그렇다고 해서 유창하게 말할 수 있게 된 것은 아니다. 다소 귀가 뚫린 것과 영어로 자신의 생각을 100% 전하는 건 평생이 걸려도 불가능하다는 사실을 어느 시점부터 인정하게 된 것뿐이다.

하지만 알고 있는 만큼의 단어를 나열해서 상대방에게 내 생각이 전달된다면 그걸로 노 프로블럼이다. 만약 마음의 절반 정도를 말로 표현할 수 있다면 성공한 것이고, 뜻이 통하지 않을 땐 몇 번이고 다른 말로 설명하면 된다.

언제인지 모르게 나도 영어의 벽을 넘어선 것이다.

크림슨인터랙티브

후루야 유코

영어,
너 정말
이러기냐!

영어의 벽에 도전한 12인의 일본인

후루야 유코(古屋裕子)

1977년, 지바현 출신으로 쓰쿠바대학 제1학군 인문학류를 졸업했다. 출판사 근무 등을 거쳐 2007년에 인도 법인인 크림슨인터랙티브에 입사한 후에 현재는 Crimson Interactive Japan 대표로 근무하고 있다. 크림슨인터랙티브는 뭄바이 소재 언어 서비스 기업으로, 특히 영문 교정 서비스 전문업체로 잘 알려져 있다. 크림슨인터랙티브 코리아는 영문교정 이나고(www.enago.co.kr), 번역 전문 율라투스(www.ulatus.com), 영어 테입 원고화 전문 복스탭(www.voxtab.com)이라는 세 개의 서비스를 제공하고 있다.